ACCESO GRATIS *a la Lectura en la Nube*

Para visualizar el libro electrónico en la nube de lectura envíe junto a su nombre y apellidos una fotografía del código de barras situado en la contraportada del libro y otra del ticket de compra a la dirección:

ebooktirant@tirant.com

En un máximo de 72 horas laborables le enviaremos el código de acceso con sus instrucciones.

PROTECCIÓN DE DATOS Y SEGURIDAD PRIVADA

Retos de la transformación digital

PROTECCIÓN DE DATOS Y SEGURIDAD PRIVADA

Retos de la transformación digital

ALEJANDRO CORRAL SASTRE

tirant lo blanch
Valencia, 2025

En caso de erratas y actualizaciones, la Editorial Tirant lo Blanch publicará la pertinente corrección en la página web www.tirant.com.

La presente obra ha sido sometida a la revisión de pares ciegos según el protocolo de publicación de la editorial a efectos de ofrecer el rigor y calidad correspondiente tanto en su contenido como en su forma, aplicándose los criterios específicos aprobados por la Comisión Nacional E 016 (BOE num. 286, de 26 de noviembre de 2016).

EDITA: TIRANT LO BLANCH
C/ Artes Gráficas, 14 - 46010 - Valencia
TELFS.: 96/361 00 48 - 50
FAX: 96/369 41 51
Email: tlb@tirant.com
www.tirant.com
Librería virtual: www.tirant.es
DEPÓSITO LEGAL: V-4671-2024
ISBN: 978-84-1071-958-3
MAQUETA: Innovatext

Si tiene alguna queja o sugerencia, envíenos un mail a: *atencioncliente@tirant.com*. En caso de no ser atendida su sugerencia, por favor, lea en *www.tirant.net/index.php/empresa/politicas-de-empresa* nuestro procedimiento de quejas.

Responsabilidad Social Corporativa: http://www.tirant.net/Docs/RSCTirant.pdf

A Mercedes

Índice

Prólogo

A punto de finalizar el primer cuarto del siglo XXI, el de los cambios digitales, de la revolución informativa y el de la inteligencia artificial, es necesario parar y hacer una pequeña reflexión sobre la posición que ocupa el ser humano en todo este proceso, más allá, claro está, de ser el promotor y artífice de la transformación digital que estamos viviendo.

Esta visión humanista del progreso es esencial. Y por ello el Derecho está llamado a ocupar un destacado lugar en el desarrollo de todas las tecnologías relacionadas con el tratamiento de cualquier tipo de información.

Ese espacio que ocupa el Derecho no puede verse, tal y como se plantea en ocasiones, como una rémora al avance. Muy al contrario, debe proteger, promover y fomentar, como de hecho así hace, el desarrollo científico y tecnológico. Más que como lastre, debe pensarse en esta rama de las ciencias sociales como un faro que ilumine el titubeante camino que tenemos ante nosotros.

No se puede perder de vista, en esa visión antropocéntrica que defiendo, el papel esencial que juegan los derechos fundamentales, núcleo duro, si se permite la expresión, de cualquier aplicación práctica, concreta, de estas tecnologías.

Esto es lo que se plantea en la magnífica monografía del Profesor Alejandro Corral que ahora prologo; pero desde una perspectiva que ha sido pocas veces tratada: la seguridad privada. Sector que, según indica el autor, ha sido relegado por el legislador a un segundo plano, pese a las múltiples cuestiones que plantea y al potencial económico que tiene.

En un mundo como el actual, plagado de amenazas a la vida y bienes de los ciudadanos, no debe desdeñarse el papel que puede jugar la seguridad privada para coadyuvar al cumplimiento de los objetivos generales de seguridad. Sobre todo, si se tienen en cuenta criterios de reducción de costes y eficiencia en la utilización de los medios. Y es ahí donde, según plantea Alejandro Corral, la seguridad privada puede jugar un papel clave. Siempre dentro de su margen de actuación, condicionado por el monopolio del uso de la fuerza por parte del Estado, es decir, de los cuerpos que forman parte de la seguridad pública.

Varios problemas, no obstante, se plantean respecto al rol que puede adoptar la seguridad privada en el cumplimiento de esa misión esencial de seguridad. Sin olvidar que, ya en las primeras palabras del Preámbulo de nuestra Constitución, se afirma que la Nación española, desea establecer "la justicia, la libertad y la seguridad" y que el artículo 17 reconoce que "toda persona tiene derecho a la libertad y a la seguridad". Hablamos, pues, de un verdadero derecho fundamental, el derecho a la seguridad, derecho además susceptible de recurso de amparo.

Esta perspectiva es la que ha de tenerse en cuenta a la hora de abordar tales problemas. Por un lado, el de la posibilidad de utilizar tecnologías de la información en su labor y los límites en el respecto a los derechos fundamentales de los ciudadanos, especialmente el de protección de datos. Existe una diferencia esencial en el régimen jurídico aplicable a los tratamientos que hacen las fuerzas y cuerpos de seguridad del Estado y las empresas y profesionales de la seguridad privada. Mientras a los primeros les es aplicable la Ley Orgánica 7/2021, de 26 de mayo, de protección de datos personales tratados para fines de prevención, detección, investigación y enjuiciamiento de infracciones penales y de ejecución de sanciones penales, transposición de la Directiva (UE) 2016/680 del Parlamento Europeo y del Consejo, de 27 de abril de 2016, relativa a la protección de las personas físicas en lo que respecta al tratamiento de datos personales por parte de las autoridades competentes para fines de prevención, investigación, detección o enjuiciamiento de infracciones penales o de ejecución de sanciones penales, y a la libre circulación de dichos datos y por la que se deroga la Decisión Marco 2008/977/JAI del Consejo, a los segundos, esto es, la seguridad privada, se les aplica el régimen contenido en el Reglamento (UE) 2016/679 del Parlamento Europeo y del Consejo, de 27 de abril de 2016, Reglamento General de Protección de Datos, y la Ley Orgánica 3/2018, de 5 de diciembre, de Protección de Datos Personales y garantía de los derechos digitales. Ambos regímenes jurídicos son, como señala el profesor Corral Sastre, muy diferentes, lo que supone una clara ventaja a la seguridad pública frente a la privada. Algo que está justificado, en gran medida, por el monopolio del uso de la fuerza por parte del Estado.

Se dedica un apartado especial al análisis de la Inteligencia Artificial en el ámbito de la seguridad pública, en general y de la privada, en particular. La reciente aprobación del Reglamento (UE) 2024/1689 del Parlamento Europeo y del Consejo, de 13 de junio de 2024, por el que se establecen normas armonizadas en materia de inteligencia artificial (Reglamento o Ley de Inteligencia Artificial), que modifica, además, otras normas, plantea serias dudas sobre el uso de los sistemas de Inteligencia Artificial en el ámbito de la seguridad, sobre todo si se trata del ámbito privado. El reto no es nada fácil, y más aún teniendo en cuenta lo novedoso de la reciente regulación europea, que pretende situar a Europa a la cabeza de la única perspectiva posible en relación con el desarrollo de la Inteligencia Artificial: la del pleno respeto a los derechos fundamentales. El Considerando primero del Reglamento es claro: la nueva norma pretende "promover la adopción de una inteligencia artificial centrada en el ser humano y fiable garantizando al mismo tiempo un elevado nivel de protección de la salud, la seguridad y los derechos fundamentales consagrados en la Carta de los Derechos Fundamentales de la Unión Europea, incluidos la democracia, el Estado de Derecho y la protección del medio ambiente, proteger frente a los efectos perjudiciales de los sistemas de IA en la Unión, así como brindar apoyo a la innovación". Pues bien, en el presente libro el autor se planeta algunas de las más importantes cuestiones que pueden surgir a raíz del nuevo Reglamento, aportando una visión que demuestra el gran control que tiene de los temas tratados.

Otro de los grandes retos, al que ya me refería antes, tiene que ver con la innovación tecnológica. La actual Ley de Seguridad Privada de 2014, como bien recuerda el autor, nació ya obsoleta. El legislador español no ha sido capaz de satisfacer las necesidades de las empresas y profesionales de la seguridad privada respecto al desarrollo e innovación. El mercado es muy restringido y cualquier inversión en este sentido está avocada al fracaso, pues las posibilidades de implementarlas son muy escasas. El mercado actual exige una Ley que permita, con las garantías necesarias, liberalizar el sector abriendo el abanico de servicios que las empresas y profesionales puedan prestar.

Esto no implica, no se confundan términos, que se amplíe sin medida el ámbito de lo permitido. Es labor del legislador analizar, estudiar y decidir, con rigor, cómo, cuándo y a quién se abre el mercado, sin dejar de asumir que este concepto de seguridad privada no deja de ser parte de uno mucho más amplio, que es el de seguridad, cuyo liderazgo corresponde al Estado como servicio público esencial.

Por otro lado, hace un guiño el profesor Corral a la necesaria internacionalización del sector. Es difícil entender que un sector tan importante dentro de la Unión Europea, con tanto potencial, se deje al albur de las legislaciones nacionales, sin que haya un intento siquiera de armonizar una regulación tan diversa. Sobre todo, cuando es precisamente la Unión la llamada a defender la competencia y competitividad de las empresas europeas.

Se trata, en fin, de un trabajo serio y riguroso, como lo son los que ya nos ha ofrecido en otros temas el Profesor Corral. Fruto de varios años de investigación en la materia, no exenta de dificultades, por otro lado. Sobre todo, si se tiene en cuenta lo delicado que el tema resulta para la sociedad. No olvidemos que es fácil rendirse a la seguridad en caliente, cuando está en juego la vida o integridad de los ciudadanos, pero el Estado debe mantenerse frio y respetar los derechos fundamentales relacionados con la libertad y la seguridad de los individuos, si queremos seguir viviendo en una sociedad democrática. El compromiso de Alejandro Corral con el Derecho, con las libertades y su profundo conocimiento del régimen de la seguridad privada, de la protección de datos y de los retos que plantea la transformación digital nos permiten contar con una monografía que me aventuro a afirmar que ha de ser referencia en un sector tan importante como complejo; tan cercano a la garantía de los derechos como necesitado de una regulación actualizada; tan pegado a las tradiciones como vinculado a los más novedosos retos que plantea la transformación digital en general y la Inteligencia Artificial en particular. Un libro que nos permite conocer, desde planteamientos novedosos y audaces, algunos de los retos que hoy plantea la seguridad privada en un mundo en profundo cambio.

JOSÉ LUIS PIÑAR MAÑAS
Catedrático de Derecho Administrativo

Abreviaturas

ACPD:	Autoridad Catalana de Protección de Datos
AEPD:	Agencia Española de Protección de Datos
AESA:	Agencia Española de Seguridad Aérea.
AGE:	Administración General del Estado
Art.:	Artículo
AVPD:	Autoridad Vasca de Protección de Datos
CC.AA.:	Comunidades autónomas
CDD:	Carta de Derechos Digitales
CDFUE:	Carta de Derechos Fundamentales de la Unión Europea
CE:	Constitución Española
CEDH:	Convenio Europeo de Derechos Humanos
CEPD:	Comité Europeo de Protección de Datos
CoESS:	Confederación Europea de Servicios de Seguridad
COM(UE):	Comisión Europea
CTPDA:	Consejo de Transparencia y Protección de Datos de Andalucía
DIH:	Derecho Internacional Humanitario.
DPDP:	Directiva (UE) 2016/680 del Parlamento Europeo y del Consejo, de 27 de abril de 2016, relativa a la protección de las personas físicas en lo que respecta al tratamiento de datos personales por parte de las autoridades competentes para fines de prevención, investigación, detección o enjuiciamiento de infracciones penales o de ejecución de sanciones penales, y a la libre circulación de dichos datos y por la que se deroga la Decisión Marco 2008/977/JAI del Consejo.
DS:	Directiva 2006/123/CE del Parlamento Europeo y del Consejo, de 12 de diciembre de 2006, relativa a los servicios en el mercado interior
Etc:	Etcétera.
GT29:	Grupo de Trabajo del Artículo 29 de la Directiva 95/46
IA:	Inteligencia Artificial
IEEE	Instituto Español de Estudios Estratégicos
INTA:	Instituto Nacional de Técnica Aeroespacial
LIC:	Ley 8/2011, de 28 de abril, por la que se establecen medidas para la protección de las infraestructuras críticas.
LRBRL:	Ley 7/1985, de 2 de abril, Reguladora de las Bases de Régimen Local.

LOPD: Ley Orgánica 3/2018, de 5 de diciembre, de Protección de Datos Personales y garantía de los derechos digitales.

LOPDP: Ley Orgánica 7/2021, de 26 de mayo, de protección de datos personales tratados para fines de prevención, detección, investigación y enjuiciamiento de infracciones penales y de ejecución de sanciones penales.

LOPJ: Ley Orgánica 6/1985, de 1 de julio, del Poder Judicial.

LPACAP: Ley 39/2015, de 1 de octubre, del Procedimiento Administrativo Común de las Administraciones Públicas.

LRJSP: Ley 40/2015, de 1 de octubre, de Régimen Jurídico del Sector Público.

LSA: Ley 21/2003, de 7 de julio, de Seguridad Aérea.

LSP: Ley 5/2014, de 4 de abril, de Seguridad Privada.

OMT: Organización Mundial del Comercio

RIA: Reglamento (UE) 2024/1689 del Parlamento Europeo y del Consejo, de 13 de junio de 2024, por el que se establecen normas armonizadas en materia de inteligencia artificial y por el que se modifican los Reglamentos (CE) n.° 300/2008, (UE) n.° 167/2013, (UE) n.° 168/2013, (UE) 2018/858, (UE) 2018/1139 y (UE) 2019/2144 y las Directivas 2014/90/UE, (UE) 2016/797 y (UE) 2020/1828 (Reglamento de Inteligencia Artificial)

RGPD: Reglamento (UE) 2016/679 del Parlamento Europeo y del Consejo, de 27 de abril de 2016, relativo a la protección de las personas físicas en lo que respecta al tratamiento de datos personales y a la libre circulación de estos datos y por el que se deroga la Directiva 95/46/CE.

RSA: Real Decreto 1036/2017, de 15 de diciembre, por el que se regula la utilización civil de las aeronaves pilotadas por control remoto, y se modifican el Real Decreto 552/2014, de 27 de junio, por el que se desarrolla el Reglamento del aire y disposiciones operativas comunes para los servicios y procedimientos de navegación aérea y el Real Decreto 57/2002, de 18 de enero, por el que se aprueba el Reglamento de Circulación Aérea.

RSA(UE): Reglamento de Ejecución (UE) 2019/947 de la Comisión, de 24 de mayo de 2019, relativo a las normas y los procedimientos aplicables a la utilización de aeronaves no tripuladas.

ONU: Organización de Naciones Unidas

PRIA: Propuesta de Reglamento de Inteligencia Artificial

RSP: Real Decreto 2364/1994, de 9 de diciembre, por el que se aprueba el Reglamento de Seguridad Privada.

SIRAJ: Sistema de registros administrativos de apoyo a la Administración de Justicia

STC: Sentencia del Tribunal Constitucional

STEDH:	Sentencia del Tribunal Europeo de Derechos Humanos
STJUE:	Sentencia del Tribunal de Justicia de la Unión Europea
STS:	Sentencia del Tribunal Supremo
TC:	Tribunal Constitucional
TEDH:	Tribunal Europeo de Derechos Humanos
TIC:	Tecnologías de la Información y la Comunicación.
TJUE:	Tribunal de Justicia de la Unión Europea
TS:	Tribunal Supremo.
UE:	Unión Europea.
UNODC:	Oficina de las Naciones Unidas contra la Droga y el Delito

1. *Introducción*

Se pretende abordar en este trabajo los principales retos que se plantean en un sector, el de la seguridad privada, en plena transformación.

La seguridad es un ámbito especialmente sensible para la ciudadanía. Sobre todo, con los atentados que se han venido produciendo en los últimos 25 años y que han cambiado la manera de entender la protección. Se ha hecho referencia a ello en muchas ocasiones, pero los atentados de Nueva York en septiembre de 2001 hicieron cambiar radicalmente la manera de entender la seguridad en los países occidentales.

A lo largo de estos años, la seguridad se ha convertido en una de las preocupaciones de las sociedades[1] y, por tanto, también de los gobiernos. La seguridad, como derecho fundamental de los ciudadanos, ha justificado la intervención del Estado en multitud de ámbitos, con vulneración incluso de otros derechos fundamentales de los ciudadanos.

Pero cuando se hace referencia a este concepto de seguridad en general, normalmente se identifica con seguridad pública, olvidando uno de los elementos más importantes: la seguridad privada, es decir, la que prestan los profesionales y las empresas en un mercado que, cada vez, adquiere más importancia pese a las limitaciones, muchas veces injustificadas, de los reguladores.

Esta seguridad privada es la que voy a analizar en el presente trabajo. Desde diferentes perspectivas. En primer lugar, haré referencia a los orígenes y la evolución en sus primeros momentos. Es decir, como surge la necesidad en nuestro país de proteger a determinados bienes y personas sin que el Estado aun estuviera totalmente organizado para prestar este servicio público. De ahí se puede deducir claramente que desde el primer momento la seguridad privada, la que se presta por personas a cambio de una remuneración, tuvo una importancia vital.

Por otro lado, se ha estudiado el presente de la seguridad privada. He de adelantar en esta breve introducción que no ha sido un sector que haya

---

1 En el Barómetro de marzo de 2024 elaborado por el Centro de Investigaciones Sociológicas, la inseguridad ciudadana es una de las principales preocupaciones de la sociedad española. Estudio núm. 3445, marzo 2024.

recibido un trato adecuado por parte del legislador. Sobre todo, desde la aprobación de la Constitución en 1978, la seguridad privada es vista con cierto recelo por parte de la sociedad. La seguridad se considera algo esencialmente público y la prestación de este servicio por parte de empresas o profesionales privados es algo subsidiario y reservado a ciertos sectores económicos (entidades financieras, industrias, etc.).

Sin embargo, y pese a estas reticencias, es un sector que crece cada día. Que ayuda, desde el punto de vista de la prevención, a mantener unos niveles adecuados de seguridad. El propio Estado contrata servicios de seguridad privada para garantizar la seguridad en sus instalaciones, incluso en infraestructuras críticas. Hoy es normal que los controles de acceso en aeropuertos, juzgados, edificios públicos, prisiones, etc., sean realizados por profesionales de seguridad privada. Es decir, que forma parte, como pilar esencial, de ese concepto más amplio que es el de seguridad.

Y como decía, sin que el regulador haya facilitado este crecimiento. Más bien al contrario, pues tanto la Ley de Seguridad Privada del año 1992, como la del 2014, establecen importantes restricciones de actividad a las empresas y profesionales del sector, limitando su posibilidad de crecimiento e innovación.

En este sentido, no se alcanza a entender que en pleno 2024, exista un listado tasado de actividades que se pueden realizar en este mercado, con una intervención administrativa especialmente intensa. El intervencionismo público en este mercado es muy agudo, prácticamente asfixiante para las pequeñas y medianas empresas, lo que dificulta la competitividad y el crecimiento económico de un sector, incido en esta idea, con mucho potencial.

En fin, el legislador ha convertido el mercado de la seguridad privada en un ecosistema muy poco competitivo, sin apenas capacidad de innovación y desarrollo. Allí viven cómodamente las grandes multinacionales del sector, pero es un ambiente muy poco propicio para las pequeñas y medianas empresas. Y de nada de esto se ha ocupado, permítaseme indicar, la Comisión Nacional de los Mercados y de la Competencia, que es el organismo encargado en nuestro país de promover y preservar el buen funcionamiento de todos los mercados en interés de los consumidores y de las empresas, incluido el de la seguridad privada.

Y termino el análisis de la evolución del sector con un par de referencias al futuro, es decir, con un análisis de los dos principales vectores de transformación: el de la digitalización y el de la internacionalización.

Sobre el primero de ellos, es decir, la digitalización, cabe indicar que desde hace varios años asistimos a un notable cambio en nuestra sociedad. Desde una sociedad analógica a una sociedad digital. Bien es cierto que no se acaba nunca de llegar a la meta, de concretar, definitivamente, en qué consiste esa transformación. Se intuye que tiene que ver con el uso cada vez más cotidiano de las tecnologías de la información y del conocimiento (en adelante, TIC), que nos facilita las relaciones con otros ciudadanos, empresas e instituciones públicas, pero nunca se acaba de vislumbrar el final del proceso, en una carrera a veces trepidante por buscar soluciones jurídicas a problemas que aún no han aparecido. La única solución que se me ocurre, en este sentido, es no perder nuca la percepción de "lo humano"[2]. Frente a tecnologías que pongan en riesgos la dignidad o los derechos humanos, humanismo y antropocentrismo, pienso humildemente.

Como es lógico, el ámbito de la seguridad no puede ser una excepción a todo ese tránsito o evolución tecnológica. Siendo, como es, uno de los derechos fundamentales que el Estado reconoce a los ciudadanos, es uno de los temas que más controversia genera en los últimos años. Quizás promovida, también, por ciertos grupos de interés. Pero no deja de ser, en definitiva, un tema recurrente en las agendas de los partidos políticos.

Parece que asistimos, no obstante, a un repunte en la necesidad de seguridad por parte de los ciudadanos. Necesidad que no siempre parece corresponderse con la realidad, pues al margen de dramáticos, pero puntuales, atentados terroristas sufridos en Europa en los últimos tiempos, lo cierto es que los niveles de delincuencia, en general, parece que se mantie-

---

2 Una profunda y acertada reflexión sobre todo este proceso y lo que implica para el concepto de "ser humano", lo podemos encontrar en RODOTÁ, S., "Del ser humano al posthumano" en DE LA QUADRA-SALCEDO FERNÁNDEZ DEL CASTILLO, T., y PIÑAR MAÑAS, J. L., (directores), (2018), *Sociedad Digital y Derecho*, Boletín Oficial del Estado, pág. 93, "El ser humano, y su custodia, resultan así no ser una resistencia a lo nuevo, al temor al cambio, o una infravaloración de sus beneficios. Se presentan como conocimiento consciente de una transición que no se puede separar de los principios en los que el ser humano sigue reconociéndose, abriéndose no obstante a un mundo más amplio y en continua trasformación. No es empresa baladí, ni de unos pocos. Para los riesgos del futuro no basta con evocar el asunto de la bomba atómica, esperando que el tabú que lo acompañó se pueda transferir a los nuevos territorios. El compromiso necesario exige una trasformación cultural, una atención civil difundida, una acción pública coherente. Hablar de una política de lo humano es, entonces, exactamente lo opuesto a las prácticas corrientes que quieren apropiarse de cada aspecto de lo vivo"

ne en los últimos años[3] sin grandes cambios, como ya se ha apuntado más arriba.

Este factor de transformación de la seguridad privada, no obstante, debe observarse y estudiarse con detalle en tanto en cuanto implica riesgos esenciales para otros derechos fundamentales. Especialmente los contenidos en el artículo 18 de la CE. Resulta claro, no todo vale. Pero lo que tampoco resulta comprensible en la mayoría de las ocasiones es que se impidan utilizar tecnologías a las empresas de seguridad privada que sí pueden utilizarse en seguridad pública. O la regulación sea mucho más restrictiva para las primeras que para la segunda, sobre todo cuando el objetivo es el mismo. Lo que se deduce de todo esto, en definitiva, es una desconfianza atávica e irracional hacia la seguridad privada.

Para terminar esta introducción, me refiero al otro vector de transformación de la seguridad privada: la internacionalización del sector. Si las amenazas que deben enfrentarse son cada vez más globales, lo lógico es que el sector tienda a su internacionalización. Esto implica una regulación e intervención a nivel internacional, donde se establezcan las pautas mínimas y las formas de intervención pública en el sector.

En este sentido, resulta sorprendente que desde la Unión Europea no se haya propuesto si quiera una armonización de la regulación de los Estados miembros. Sobre todo, en un sector económico que adolece, como es el caso de España, de una falta de competitividad e innovación crónicas.

No debo acabar este apartado introductorio sin dejar plasmada una certera reflexión del profesor José Luis Piñar en relación con los rápidos avances tecnológicos y de otro signo que se producen en nuestra sociedad y que ha guiado, en buena medida, el desarrollo de este trabajo. Trascribo directamente sus palabras[4]:

> "Esta perspectiva ética, este trílogo entre derecho, técnica y ética ha de traducirse también en el protagonismo que los principios han de tener en la regulación jurídica de la innovación y sus consecuencias sobre la identidad en la sociedad digital. En más de una ocasión he señalado que cuanto más novedoso, más concreto, más específico es un tema más hemos de acudir a

---

3 Según el Instituto Nacional de Estadística (INE), a nivel nacional, la tasa de criminalidad (número de infracciones penales por 1.000 habitantes) alcanzó en España en el año 2022 un valor de 48,6. Si la comparamos con países como Reino Unido (79,5), Alemania (60,7) o Bélgica (74,8), se puede concluir que no es alta.

4 PIÑAR MAÑAS, J. L., "Identidad y persona en la sociedad digital", en DE LA QUADRA-SALCEDO FERNÁNDEZ DEL CASTILLO, T., y PIÑAR MAÑAS, J. L., (directores), (2018), *Sociedad Digital y Derecho*, op. cit., pág. 107.

los principios, al objeto de evitar la obsolescencia del derecho. En una época en que la obsolescencia programada de los objetos y dispositivos es incluso considerada delito, como acaba de hacerse (enero de 2018) en Francia, debe evitarse la del derecho, y para ello debería evitarse hacer girar la regulación en torno a previsiones excesivamente pegadas a la realidad concreta que debe ser regulada. Lo que nos lleva a plantear la trascendencia de los principios generales en la regulación.

Hoy en día, la identidad a menudo se establece a través de construcciones y patrones digitales. Sin embargo, en la nueva era digital, debemos recordar que los datos no agotan ni la identidad personal ni las cualidades de las comunidades a las que pertenecen los individuos, que la protección de datos no solo trata sobre la protección de datos, sino principalmente sobre la protección de las personas que hay tras los datos. Las personas son representadas digitalmente, lo que puede traer consigo nuevas formas de vulnerabilidad. Ante esta situación el Grupo resalta que la protección de datos no es un asunto meramente técnico o legal. Es profundamente humano"

2. *El pasado: breve historia de la seguridad privada*

2.1. UN ESBOZO SOBRE LOS ORÍGENES DE LA SEGURIDAD PRIVADA

Establecer el origen concreto de la seguridad privada en nuestro país es tarea difícil. Desde luego, tiene que ver con las necesidades por parte de las personas privadas (físicas y jurídicas), de satisfacer una demanda de seguridad que el Estado, por los motivos que a continuación se intentarán analizar, no fue capaz de ofrecer.

Varios autores apuntan a finales del siglo XIX como momento en el que aparece la seguridad privada. Así, en concreto, se señala el año 1849, en pleno reinado de Isabel II, cuando se dicta la primera norma relacionada con este tipo de servicios prestados por particulares a los que se llamaba "guardias jurados"[5]. Otros autores, sin embargo, lo sitúan un poco antes, con la aprobación del Real Decreto de 1833 por la que se aprueban las Ordenanzas Generales de Montes en la que se hacía referencia a la posibilidad de contratar guardas privados[6].

Tiene sentido que sea en este periodo histórico de nuestro país, dado que es el momento en el que se configura el Estado liberal en España. Modelo de Estado que se caracteriza, en lo político y económico, por el respeto al modelo de economía de mercado, es decir, se garantiza a las empresas privadas el derecho a ofrecer bienes y servicios en un mercado libre. Así, aparecen los primeros profesionales de la seguridad privada que

---

5 VINUESA TORREGROSA. A. (2012), "La seguridad privada en España: Orígenes históricos, momento actual y perspectiva de futuro", *Ciencia policial: revista del Instituto de Estudios de Policía,* N°. 115, pág. 61. Según señala este autor, mediante una real orden del Ministerio de Comercio, Instrucción y Obras Públicas se aprueba el reglamento por el que se crean los que serían los primeros trabajadores de la seguridad privada en España, los guardas jurados, quienes debían prestar juramento ante el alcalde respectivo y a los que se encomendaba la tarea de vigilar villas, cotos, fincas parques o pequeñas áreas rurales privadas.

6 ROLDÁN BARBERO, H., (2001), "La seguridad privada en la prevención de delito", *La Ley: Revista jurídica española de doctrina, jurisprudencia y bibliografía,* núm. 1, p. 1816.

pueden ofrecer sus servicios a otros particulares. Aunque lo cierto es que los primeros profesionales realizaban labores de auxilio a la Guardia Civil, es decir, trabajos a los que los agentes de este cuerpo no podían atender, por lo que resulta complicado denominar estas funciones como seguridad privada, según hoy entendemos lo que son estos servicios.

Bien es cierto que se trata de un contexto en el que el concepto de seguridad no estaba completamente configurado[7]. Se prestaba por el Estado habida cuenta de que es uno de los servicios tradicionalmente ofrecidos por este (tranquilidad o seguridad ciudadana), pero no había, según estimo, una delimitación clara entre lo que habría de considerarse seguridad ofrecida por el Estado (seguridad pública) y seguridad ofrecida por empresas y profesionales en el mercado (o seguridad privada), al modo en que hoy viene recogido en nuestro ordenamiento jurídico[8]. Por consiguiente,

---

7 Se ha de tener en cuenta que es a lo largo de todo este periodo, el siglo XIX, cuando la Administración se está configurando en nuestro país desde un punto de vista subjetivo. Resulta importante, desde esta perspectiva, la evolución del concepto de policía. Este se identifica, en un primer momento, con el de "administración interior" y, en concreto, con el mantenimiento del orden público en su triple manifestación: seguridad, salubridad y tranquilidad. Así, se va legitimando el poder del Estado, centralizándose en el Monarca, frente al orden feudal y, posteriormente, frente a los propios súbditos, pues es el mantenimiento de ese orden público (en todas las vertientes) el que justifica el poder del Rey frente a sus súbditos. Como es lógico, es más fácil asumir el poder así, como algo que se hace en beneficio de los propios ciudadanos. No obstante, andando el tiempo, los ciudadanos van tomando conciencia y desenmascarando las verdaderas intenciones del monarca: el poder público no solo pretende el mantenimiento del orden público, sino una justificación ideológica a su poder, por lo que empiezan a mostrar una postura reticente frente al ejercicio de ese poder público. Se va construyendo así el nuevo concepto de policía. Los súbditos ya no necesitan que el Rey les proporcione la felicidad (policía del bienestar), sino, más restringidamente, seguridad (policía de seguridad), y, además, respetando su esfera personal, donde el Estado no puede entrar. El concepto de policía se va reduciendo: de la "administración interior" a la seguridad. Se trata, ni más ni menos, que, del paso del Estado absoluto omnicomprensivo, al Estado liberal. Pero no termina ahí la cosa. Este concepto de policía, en su dramática evolución, acaba por volverse contra el mismo pueblo cuya seguridad, precisamente, se promovía. De esta manera, el poder utiliza todos sus instrumentos para mantener la seguridad, incluso contra sus propios ciudadanos si pretendían levantarse. Véase, NIETO, A., "Algunas reflexiones sobre el concepto de policía", *Revista de Administración Pública*, núm. 81, 1976. Igualmente, AGUADO I CUDOLÀ, V., (2007), *Derecho de la Seguridad Pública y Privada*, Thomson-Aranzadi, pág. 25.

8 Hemos de tener en cuenta que los denominados "guardas jurados" tenían la consideración de autoridad y debían hacer juramento de su cargo ante el alcalde del municipio respectivo, lo que implica cierta "publificación" se sus funciones.

según estimo, hablar de seguridad privada en ese momento histórico concreto, no tiene demasiado sentido.

Otros autores, sin embargo, señalan el año 1518, bajo el reinado de Carlos I, como el momento en el que se aprueba la primera norma sobre seguridad privada en España. Así, lo señala la Orden del Ministerio del Interior INT/704/2013, de 10 de abril, por la que se establece el "Día de la Seguridad Privada"[9]. Situar aquí los orígenes de la seguridad privada tiene los problemas que ya se han mencionado en el párrafo anterior, no deja de ser algo convencional.

Sea como fuere, y teniendo en cuenta que no había distinción entre los conceptos de seguridad pública y seguridad privada, tal y como hoy se consideran, lo cierto es que existen profesionales dedicados a la seguridad privada desde hace ya varios siglos en nuestro país.

En definitiva, indicar un momento exacto en el que aparece la seguridad privada es muy complicado y no deja de tener un componente convencional que no se puede evitar. No obstante, resulta útil, a efectos de lo que aquí interesa, abordar las razones por las que el Estado acude a particulares y corporaciones fuera de él mismo para prestar estos servicios que tradicionalmente se han considerado públicos.

La seguridad privada, así considerada, aparece cuando el Estado no puede atender, por diferentes razones, todas las necesidades de los ciudadanos en esta materia. Por cuestiones logísticas, técnicas, estratégicas, ideológicas, presupuestarias o de otra índole, el Estado no alcanza a prestar este tipo de servicios por sí mismo y debe acudir, por tanto, a terceros privados.

---

9 En el texto de esta Orden se indica lo siguiente: "En consecuencia, sin perjuicio de otras fechas tradicionalmente usadas, atendiendo la solicitud de las entidades y organizaciones del sector de la seguridad privada en España para que se declare el 21 de mayo como «Día de la Seguridad Privada», en conmemoración del día del año 1518, en el que el Rey Carlos I dio la primera norma de seguridad privada en España, y teniendo en cuenta la asentada práctica generalizada de celebración de un «Día de la Seguridad Privada» en todas las Comunidades Autónomas, así como las conclusiones alcanzadas tras la celebración de la Comisión Nacional de Seguridad Privada del año 2012, y vista la referencia normativa contenida en el artículo 36.5 de la Orden INT/318/2011, de 1 de febrero, sobre personal de seguridad privada, se considera oportuno establecer ese día, como el día oficial de la seguridad privada en España, como ya ocurre en otros sectores profesionales".

2.2. LA SEGURIDAD PRIVADA COMIENZA SU ANDADURA JUNTO A LA GUARDIA CIVIL

Llama la atención, en este sentido, que la que parece la primera norma sobre la seguridad privada en España se dicte poco después de la creación de la Guardia Civil. La primera es de 1849, sobre Guardas Jurados y otras figuras similares, y la segunda se remonta a 1844. No obstante, pese a su simultánea creación, eran independientes a nivel funcional y organizativo[10].

Esto parece indicarnos que, al menos en los orígenes, no se pueda distinguir con claridad lo que es seguridad pública y seguridad privada, pues los objetivos eran similares. Realmente, no se está pensando en prestar servicios que puedan ser contratados por particulares, sino en una especie de servicios que complementen y auxilien a la Guardia Civil en sus funciones. De hecho, estos "Guardas privados" llegan a depender directamente de la Guardia Civil[11]. Pero no es hasta mediados del siglo XX, como indicaremos posteriormente, cuando se pueden contratar sus servicios de manera privada. Hasta este momento estos profesionales no dejan de depender del Gobierno del Estado o de los municipios, por lo que cuesta hablar de seguridad privada, al menos tal y como se considera hoy.

Lo que, por otra parte, no deja de indicarnos que, aunque se hable de seguridad privada, realmente estemos ante un asunto público, porque la

---

10 RODRÍGUEZ RODRÍGUEZ, J. F., (2020), "Análisis de la Legislación Española en materia de Seguridad Privada", Tesis Doctoral, Universidad Católica de Murcia, pág. 33, "Aunque el nacimiento de la Guardia Civil y de los Guardas Jurados fuese casi simultáneo, hasta ahora eran totalmente independientes en su funcionamiento y dependencia, los primeros del Gobierno y los Guardas solo informando a su Alcalde, del que dependían. Además, la dificultad del terreno que debía proteger, su enorme extensión y lo accidentado de las zonas donde se refugiaban los bandoleros, unido a no poder establecer "Casas Cuartel" en todas las localidades, motivó la creación y posterior desarrollo de la Institución de la guardería rural.

11 Ibidem, Aunque el nacimiento de la Guardia Civil y de los Guardas Jurados fuese casi simultáneo, hasta ahora eran totalmente independientes en su funcionamiento y dependencia, los primeros del Gobierno y los Guardas solo informando a su Alcalde, del que dependían. Además, la dificultad del terreno que debía proteger, su enorme extensión y lo accidentado de las zonas donde se refugiaban los bandoleros, unido a no poder establecer "Casas Cuartel" en todas las localidades, motivó la creación y posterior desarrollo de la Institución de la guardería rural. La Ley de 7 de julio de 1876 otorga a la Guardia Civil funciones de guardería rural y forestal, lo que pasa a mayor nivel legislativo con la Real Orden del 9 de agosto de 1876 de "Guardería Rural y Forestal" cuando los Guardas Particulares de Campo (el equivalente a los hoy Vigilantes de Seguridad) pasan a depender de la Guardia Civil.

perdida de seguridad, en definitiva, el riesgo de daño en bienes o personas, no deja de ser un bien jurídico que debe proteger el Estado, sin distinguir entre seguridad pública o privada[12].

2.3. EL DESARROLLO DE LA SEGURIDAD PRIVADA A LO LARGO DEL SIGLO XX. PRIMEROS PASOS

Como se ha visto, es difícil catalogar en sus orígenes a la seguridad privada como tal. Sobre todo, porque, a diferencia de lo que hoy en día consideramos, no podemos decir que estos profesionales ofrecieran servicios en un mercado libre y competitivo.

Así se mantiene, no obstante, durante todo lo que queda de siglo XIX y hasta bien entrado el siglo XX. De hecho, hasta mediados del mismo, es decir, ya acabada la Guerra Civil y la II Guerra Mundial.

Es en este momento, cuando empieza a despegar la economía española, aunque muy tímidamente debido al aislamiento internacional, cuando podemos señalar el verdadero comienzo de la seguridad privada en España. Así, las entidades financieras y algunas empresas estratégicas requieren de los servicios permanentes de estos profesionales para garantizar la seguridad de sus instalaciones y trabajadores. Ni la Guardia Civil ni otros cuerpos similares (Policía Armada) podían satisfacer esas necesidades.

De esta manera se aprueba el Decreto de 4 de mayo de 1946 por el que se establece un servicio de vigilancia en los establecimientos bancarios, de modo que se crean los Vigilantes Jurados de Entidades Bancarias, a imagen de los Guardas Jurados de Campo en el mundo rural, a los que se dota de la condición de agente de autoridad cuando estén desempeñando sus funciones y se les considera Auxiliares de los Agentes de Autoridad.

---

12 CASINO RUBIO, M., (2006) "La denominada «seguridad privada» ¿es verdaderamente privada?", *Revista catalana de seguretat pública*, núm. 17, p. 87, "Es preciso también observar, de otra parte, que la llamada «seguridad privada» no es, contrariamente a lo que asimismo acostumbra a opinarse, una actividad que sirva directa y principalmente a la satisfacción de los intereses particulares de quienes contratan sus servicios, y sólo simultánea, pero mediatamente, al mantenimiento de la seguridad ciudadana. Sencilla pero concluyentemente porque la defensa frente a los peligros que amenazan la seguridad de personas y bienes es siempre por definición un asunto público, que compromete la paz social y el orden general que incumbe mantener y garantizar al poder público. El bien amenazado es siempre la seguridad pública, por más que ciertamente los peligros que son relevantes para la misma amenacen o, en su caso, se concreten finalmente sobre las personas o sus bienes y derechos".

Aunque se trate de Agentes Auxiliares y tengan la condición de autoridad pública, parece que sí podemos hablar ya de seguridad privada, pues se trata de la prestación de servicios de seguridad en establecimientos privados. No se acude ya a los cuerpos de seguridad del Estado, sino que se crea la figura específica para vigilancia y custodia de locales en empresas.

Como señala el preámbulo de la norma, se trata de dotar de mayor eficacia a este servicio de vigilancia al que no pueden atender, de manera permanente y constante, la policía o la Guardia Civil. Bien es cierto que no se hace distinción entre seguridad pública y seguridad privada, pero queda patente la importancia de estos establecimientos para la economía del país. Es necesario regular y establecer unos servicios de seguridad adecuados.

En cualquier caso, debido a la importancia y el riesgo que sufrían este tipo de establecimientos, se consideró necesario establecer esta clase de servicios de seguridad. Por la misma razón, se crearon para las empresas petrolíferas (CAMPSA) o de transporte ferroviario (RENFE). Otras empresas, en la misma línea, comenzaron a crear departamentos internos similares, por lo que el Estado consideró necesario regular sobre la materia. Por ello se aprobó el Decreto 2488/1962, de 20 de septiembre, por el que se crea el Servicio de Vigilantes Jurados de Industria y Comercio.

En 1973 se aprobó el Decreto 2048/1973, de 26 de julio, sobre Servicio de Vigilantes Jurados. Esta norma trata de generalizar la aplicación de las normas vigentes sobre la materia a todos los sectores económicos.

Llama la atención de esta norma que permite crear estos servicios no solo en empresas privadas, sino también en organismos públicos. No deja de resultar paradójico que para garantizar la seguridad de establecimientos públicos se acuda a profesionales que no forman parte de la seguridad pública. Se trata, sin duda, de una leve manifestación de lo que más adelante sería un proceso mucho más profundo de liberalización económica. Se estaba abriendo la puerta a que estos servicios de seguridad fueran prestados por empresas y profesionales privados.

2.4. LA SEGURIDAD PRIVADA Y LA CONSTITUCIÓN DE 1978

Como es sobradamente conocido, con la Constitución Española de 1978, se inicia el camino hacía un Estado social y democrático de Derecho, con el reconocimiento de una serie de derechos y libertades a ciudadanos y empresas.

En primer lugar, hay que mencionar que afecta de lleno a la actividad de los profesionales de la seguridad, que deberán respetar, en todo momento, los derechos y libertades de los ciudadanos.

También es importante indicar que con el reconocimiento de la economía de mercado en el artículo 38 de la Norma Fundamental, se abre la posibilidad de crear libremente empresas que presten estos servicios.

La Constitución, como en otros tantos ámbitos, supone el comienzo de un cambio normativo esencial. Una profunda transformación que, en la mayoría de los casos, no se verá reflejado en la legislación hasta varios años después. En concreto, en la seguridad privada, hasta la Ley de 1992 que más adelante será comentada.

Bien es cierto que a lo largo de todo el texto constitucional no se hace mención alguna expresa a la seguridad privada. Algún autor ha señalado que eso se debe a que la seguridad privada, como tal, no existe, sino en la medida que el legislador ha permitido que algunos servicios de seguridad, que es siempre pública, sean prestados por sujetos privados[13]. Otros autores apuntan a que en el momento en que se elabora la CE "el fenómeno no había adquirido las dimensiones que tiene en la actualidad"[14].

Sea como fuere, lo cierto es que la Norma Fundamental nada dice sobre una pretendida esfera privada de la seguridad, sino que se refiere, exclusivamente, a la seguridad pública.

En cualquier caso, pese a ese silencio, no cabe duda de que, a la vista de que ya se había reconocido en la legislación anterior, y de que la norma prevé esa libertad de empresa en el marco de una economía de mercado, podemos afirmar que la seguridad privada es una actividad que se permite en el marco constitucional de 1978, aunque, como en otros ámbitos, supuso un punto de inflexión en muchos aspectos.

2.5. RESPETO A LOS DERECHOS FUNDAMENTALES Y LIBERTADES PÚBLICA EN EL EJERCICIO DE LA SEGURIDAD PRIVADA

Como ya se ha puesto de manifiesto, uno de los retos esenciales tras la aprobación de la CE fue, precisamente, el respeto a los derechos funda-

---

13 Ibidem.

14 AGUADO I CUDOLÀ, V., (2007), *Derecho de la Seguridad Pública y Privada, op. cit.*, págs. 33 y ss.

mentales[15]. El ámbito de la seguridad en general, y de la seguridad privada, en particular, presentaba importantes problemas pues se habían venido adquiriendo ciertos hábitos en el régimen anterior que con la nueva Norma Fundamental resultaban inadmisibles[16]. Me refiero, sobre todo, a actitudes que atentaban contra la dignidad del ser humano, su integridad física, moral o, a veces, incluso, contra su propia vida.

Dichas actitudes no eran monopolio de los miembros de la seguridad pública. También los profesionales de la seguridad privada en el ejercicio de sus funciones cometían actos que, repito, con la CE estaban radicalmente prohibidos. No hay que olvidar que, en este momento, gran parte de los trabajadores que integraban la seguridad privada provenían de los cuerpos de funcionarios públicos de seguridad.

La explicación, que nunca justificación, de dichos actos y actitudes, se puede encontrar en la importancia que tenía la seguridad para el Estado y los ciudadanos en el régimen anterior a 1978. El franquismo tuvo especial cuidado en evitar atentados contra la seguridad desde dentro, y para ello no dudo en utilizar todos los medios a su alcance[17], públicos o privados.

Después de la aprobación de la CE hubieron de realizarse importantes cambios en la mentalidad de los profesionales para evitar ese tipo de actuaciones. Así, primero en el artículo 1.3 de la Ley 23/1992, de 30 de julio, y posteriormente en la Ley 5/2014, de 4 de abril, se hace hincapié en esto, es decir, en que el ejercicio de las actividades de seguridad privada debe ser respetuoso con la dignidad y los derechos fundamentales de los ciudadanos.

---

15 Para una visión global de la tensión entre los derechos fundamentales y la seguridad privada, véase RIDAURA MARTÍNEZ, M. J. (2015), *Seguridad privada y derechos fundamentales la nueva Ley 5/2014, de 4 de abril, de Seguridad Privada,* Tirant lo Blanch.

16 De hecho, la propia redacción del artículo 104.1 de la CE pone de manifiesto la intención del legislador constitucional al señalar como misión esencial de las Fuerzas y Cuerpos de Seguridad del Estado la de "proteger el libre ejercicio de los derechos y libertades y garantizar la seguridad ciudadana". En este sentido, LINDE PANIAGUA, E. y PÉREZ VAQUERO, J., (2003), *La coordinación de las policías,* Colex, p. 13, indica que "No cabe duda que esta es la causa principal que determinó a los constituyentes a dar un giro copernicano a la misión de las Fuerzas y Cuerpos de Seguridad; de instrumentos de represión de los derechos fundamentales a garantía del ejercicio de los mismos"

17 VIÑAS, A., (2005), "La política franquista de seguridad y defensa", *Historia contemporánea,* 30.

Por otro lado, y aunque a ello se hará referencia en otra parte de este trabajo, el avance en la utilización de tecnologías digitales de vigilancia e investigación pone en riesgo otros derechos fundamentales que, tradicionalmente, con los medios analógicos, no se veían tan expuestos. Así, me refiero fundamentalmente al derecho a la intimidad, la propia imagen, el honor, la protección de datos y todo este elenco de derechos cuya integridad, repito, puede verse afectada con estas tecnologías.

2.6. LA ADHESIÓN DE ESPAÑA A LA UNIÓN EUROPEA

A partir del 1 de enero de 1986, España se integra en un proyecto económico y político que ha marcado los pasos de nuestro país en las últimas décadas. Y sería bueno, estimo, que así continuara siendo.

Como consecuencia del Acta de Adhesión firmado en junio de 1985, España se integra en un espacio económico de libertad, donde se garantiza un mercado interior de servicios profesionales, también de la seguridad privada. Así, todo este entramado económico y político descansa sobre cuatro pilares esenciales que son la libre circulación de personas, mercancías, servicios y capitales.

Desde el punto de vista que se analiza en este trabajo, la seguridad privada, esta adhesión supone un hito muy importante, pues permite a las empresas de seguridad ofrecer servicios en otros Estados miembros. A su vez, España ha de garantizar que los nacionales de otros estados puedan prestar servicios de seguridad privada sin que se produzca ningún tipo de discriminación.

Lo mismo con los profesionales del sector quienes, en virtud del principio de libre circulación de trabajadores, tendrán derecho a prestar servicios en todo el territorio de la UE.

Por otro lado, no se puede olvidar que estamos hablando de seguridad, ámbito en el que la UE ha ido ampliando competencias en los últimos años. En este sentido, el Tratado de la Unión Europea, en su artículo 3.2 establece que:

> "La Unión ofrecerá a sus ciudadanos un espacio de libertad, seguridad y justicia sin fronteras interiores, en el que esté garantizada la libre circulación de personas conjuntamente con medidas adecuadas en materia de control de las fronteras exteriores, asilo, inmigración y de prevención y lucha contra la delincuencia"

La seguridad sigue siendo competencia de los Estados miembros, pero se han venido habilitando diversos mecanismos e instrumentos de cooperación y coordinación. Sobre todo, aunque se refiere más al ámbito de la defensa y la seguridad frente a amenazas exteriores, a través de la denominada PESC.

Sin embargo, a nivel de seguridad interior también se realizan determinadas acciones. Así, la Estrategia de la UE para una Unión de la Seguridad[18] propone determinadas medidas tendentes a mejorar la cooperación policial, basadas en cuatro pilares esenciales, estos son:

— Un entorno de seguridad que resista el paso del tiempo.

— Lucha contra amenazas en constante evolución

— Proteger a los europeos frente al terrorismo y la delincuencia organizada

— Un ecosistema de seguridad europeo sólido

Lógicamente, la seguridad privada debe estar plenamente implicada en estos objetivos. En este sentido, el Parlamento Europeo emitió la Resolución, de 4 de julio de 2017, sobre las empresas de seguridad privadas (2016/2238(INI)), en la que se pone de manifiesto cuál es su posición al respecto. Bien es cierto que la principal preocupación del Parlamento, en este caso concreto, pasa por las actuaciones de empresas privadas europeas en conflictos internacionales[19], sobre todo para salvaguardar los derechos

---

[18] Según lo dispuesto en la página web de la Comisión Europea (consultada por última vez el 19 de noviembre de 2022), La Unión de la Seguridad Europea quiere:
— garantizar que la política de seguridad de la UE refleje el cambiante panorama de amenazas
— crear una resiliencia sostenible a largo plazo
— involucrar a las instituciones y agencias de la UE, los gobiernos, el sector privado y los particulares en un planteamiento para toda la sociedad
— reunir las distintas políticas que afectan directamente a la seguridad.

[19] Se menciona expresamente, y desde el primer párrafo del texto, el *Documento de Montreux*, sobre empresas militares y de seguridad privada. Este documento no tiene eficacia jurídica vinculante. El Documento de *Montreux* proporciona un plan para que los gobiernos regulen efectivamente las Empresas Militares y de Seguridad Privada (en adelante, EMSC). Destaca las responsabilidades de tres tipos principales de estados: Estados contratantes (países que contratan PMSC), Estados territoriales (países en cuyo territorio operan las EMSC) y Estados de origen (países en los que las EMSC tienen su sede). Además, las buenas prácticas pueden ser útiles para otros actores como organizaciones internacionales, sociedad civil, empresas que contratan ESMC y las EMSC mismas. Mientras que

fundamentales de los civiles, pero también se hace referencia a la necesidad de avenir legislaciones. De ahí que en el punto 15 del documento mencionado, referido a la "regulación de las empresas de seguridad privada", se manifiesta expresamente lo siguiente:

> 15. Recomienda a la Comisión Europea que elabore un Libro Verde con el objeto de implicar a todas las partes interesadas del sector de la seguridad pública y privada en un amplio proceso de consulta y debate de los procesos, con el fin de determinar de forma más eficiente las posibilidades de colaboración directa y establecer una serie de normas básicas de intervención y buenas prácticas; recomienda la elaboración de un marco de normas de calidad de la UE específicas por sectores; recomienda, en consecuencia, que se precise la definición de las empresas de seguridad privadas antes de llevar a cabo una regulación efectiva de las actividades de estas, dado que esta carencia podría derivar en lagunas normativas;

En el mismo sentido, (punto 17), el Parlamento "Exhorta a la Comisión a que elabore un modelo de regulación efectivo que: [...] contribuya a armonizar las diferencias jurídicas entre los Estados miembros por medio de una directiva"

La seguridad privada, por tanto, será regulada a nivel europeo a través de una Directiva. Al menos así se plantea en el documento mencionado.

Lo cierto es que el interés de la UE sobre este sector viene de la mano no solo de la actuación de estas empresas en el ámbito internacional. Es muy importante también la cada vez mayor contratación de estos servicios por parte de los Estados, que no acuden a la seguridad pública para según qué actividades. Así, es frecuente que, en el ámbito de la vigilancia de edificios o instalaciones públicas, control de accesos, incluso infraestructuras críticas, se acuda a la seguridad privada. Y se ha de garantizar, por consiguiente, el principio de libre prestación de servicios y no discriminación por razón de la nacionalidad.

---

la Primera parte del Documento recuerda las obligaciones legales pertinentes de los Estados con respecto a las EMSC, la Parte dos contiene una descripción de las buenas prácticas que tienen como objetivo proporcionar orientación y asistencia a los Estados para regular las EMSC. Las buenas prácticas incluyen determinar qué servicios pueden o no ser subcontratados a las EMSC, lo que requiere capacitación adecuada, el establecimiento de términos para la concesión de licencias y la adopción de medidas para mejorar la supervisión, la transparencia y la responsabilidad de las EMSC.

Aunque el documento fue desarrollado con la opinión de que las EMSC operan en situaciones de conflicto armado, también puede ser instructivo para situaciones posteriores a conflictos y para otras situaciones comparables. Además, la mayoría de sus buenas prácticas se implementan idealmente en tiempos de paz.

Se debe mencionar que este es una de las principales líneas de transformación del sector de la seguridad privada, amén de la digitalización: su internacionalización. En un primer momento, a nivel europeo, como es lógico. Pero sin duda, como ya se ha puesto de manifiesto en los últimos conflictos internacionales[20], a nivel global, lo que exige una respuesta más contundente por parte de los Estados, según estimo. A ello se dedicará, no obstante, una parte de este trabajo, pues constituye uno de los retos más importantes de la seguridad privada en los próximos años.

20 La utilización de empresas privadas en conflictos internacionales ha quedado patente, por ejemplo, en la guerra ruso-ucraniana. En este sentido, y pese a que de ella se hablará más adelante, el Grupo Wagner, muy vinculado al *Kremlin,* es una empresa privada que ha participado activamente en la guerra, realizando actividades militares que quedan fuera del control internacional.

3. El presente: marco jurídico actual de la seguridad privada

3.1. ¿QUÉ ES LA SEGURIDAD?

Para hablar de la seguridad privada es necesario, primero, intentar aproximarse al concepto, más amplio, de seguridad.

Este concepto de seguridad está íntimamente unido al desarrollo del Estado. De hecho, esta basa su existencia, en gran medida, en la necesidad de mantener unos niveles adecuados de tranquilidad y orden.

En este sentido, la dificultad de definir el concepto de seguridad proviene, según estimo, de su carácter relativo, pues depende de circunstancias geográficas y temporales. Además, hay un componente subjetivo que no se puede desdeñar. La necesidad de seguridad es variable, por tanto, en función de cada persona o grupo social. Hay que buscar, por consiguiente, un concepto que pueda ser utilizado por el Derecho para dar una definición jurídica y ser útil a los diferentes operadores: legislador, Poder ejecutivo y Poder judicial.

Por otro lado, es importante mencionar que no es posible alcanzar la seguridad absoluta. Vivimos en una sociedad de riesgos. En realidad, no hay evolución sin asumir algún tipo de peligro, por lo que este es consustancial al ser humano y a la propia sociedad. Así, como indico, hemos de vivir con cierto de nivel de amenaza tolerable e intentar minimizar las posibilidades de concreción de estas.

Unida a esta idea de riesgo tolerable, se debe indicar que existen tres tipos de seguridad (o inseguridad, si se quiere): la seguridad objetiva, la subjetiva y la tolerable. La primera se refiere al número y tipo de incidentes o accidentes que se producen. La segunda es la que percibe la propia sociedad. Y la tercera, por último, la seguridad (o inseguridad, de nuevo) que se está dispuesto a asumir[21].

Para mantener esos niveles de seguridad dentro de lo tolerable, resulta imprescindible la prevención. Esta es una parte imprescindible de la segu-

---

21 TORRENTE, D., (2015), *Análisis de la seguridad privada*, UOC, p. 16.

ridad, también desde la perspectiva subjetiva, pues genera tranquilidad y puede evitar, en determinadas circunstancias, que los riesgos se concreten. Como se verá más adelante, en esta prevención juega un papel muy importante la seguridad privada[22] y es, precisamente, uno de los principales vectores de evolución en ese ámbito, a través de la utilización de tecnologías que permiten realizar esa función con mayor eficiencia y eficacia. A ello me referiré en los siguientes capítulos.

La seguridad, en definitiva, es un concepto que evoluciona en función de las necesidades de cada sociedad. Así, riesgos que hace escasamente veinte años no merecían nuestra atención, se convierten hoy día en algo de primer orden cuya concreción, quizás a veces de manera exagerada, preocupa enormemente a la ciudadanía. Y, al contrario, riesgos que hace unos años eran muy relevantes desde el punto de vista social hoy nos pueden parecer insignificantes si se observan desde nuestra perspectiva.

3.2. CONCEPTO AMPLIO O ESTRICTO DE SEGURIDAD

El concepto al que estamos dedicando este epígrafe se puede referir a la seguridad general del ser humano, es decir, a todos aquellos ámbitos que, de alguna manera, pueden poner en riesgo su existencia. Este concepto

---

22 BOSCH, J.L.C.; FARRAS. J., MARTÍN, M.; SABATÉ, J. y TORRENTE, D., (2004), "Estado, mercado y seguridad ciudadana. Análisis de la articulación entre la seguridad pública y privada en España", *Revista Internacional de Sociología (RIS)*, Tercera Época, N° 39, pág. 113. "La idea de prevención es inseparable de la de seguridad. Prevención es sinónimo de eficacia. Cuando ocurre un accidente o un delito, el dato se ha producido con independencia de si se aprehende al delincuente o se atienden adecuadamente a las víctimas. Prevenir es hacer cosas para evitar que se materialice un riesgo, o bien, si sucede, que el daño sea el menor posible. Actuar cuando ya el incidente se ha producido, no es prevenir. Muchas policías siguen modelos racional-burocráticos orientados a la persecución de delitos y, por tanto, tienen poca tradición preventiva (Bayley, 1994). Los sistemas penales giran en tomo a la culpa y el castigo, pero no tanto a la prevención. Ello no significa que no puedan reorientarse. Sin embargo, la seguridad privada vende prevención (evitación de danos y pérdidas). En buena medida, su éxito se debe a ello. Pero se trata de una prevención basada en la vigilancia y la disuasión, no en atajar las causas de los problemas. Reacción y prevención requieren de estructuras y valores organizativos distintos (Torrente, 2001). La sociedad, en condiciones normales, tiende a demandar prevención más que represión. Un riesgo para la seguridad y las políticas públicas es perder el "mercado" de la prevención de las causas de los incidentes fi-ente a la prevención vigilante y disuasoria de la seguridad la privada".

más amplio de seguridad incluye aspectos como el medio ambiente, la industria, la alimentación, el bienestar social, la capacidad económica, entre otros[23].

No obstante, en este trabajo prefiero usar el concepto más tradicional de seguridad, mucho más restringido, que se refiere a la seguridad interna de los ciudadanos frente a determinados actos que pueden poner en riesgo su integridad o bienes. En este sentido, me referiré principalmente a la seguridad interna, aunque también tendré ocasión de referirme a la seguridad del Estado frente a posibles ataques o interferencias externas, ya que es un ámbito en el que la seguridad privada lleva varios años actuando y que resulta especialmente interesante desde una perspectiva jurídica y social. Se trata, en definitiva, de una cuestión a la que me referiré con menor profundidad, pero sobre la que trataré de aportar mi visión.

En cualquier caso, se debe poner de manifiesto que el concepto de seguridad es un concepto cambiante, que evoluciona en función de nuevos riesgos. Un claro ejemplo lo observamos con la crisis de seguridad desatada por el Covid-19. Esta pandemia ha puesto de manifiesto nuevos escenarios de riesgo para los que la sociedad contemporánea no estaba preparada[24],

---

23 ABAD QUINTANAL, G. (2015), "El concepto de seguridad: su transformación", *Comillas Journal of International Relation*, núm. 4, p. 46, "La «seguridad humana» implicará en consecuencia la protección de los individuos frente a amenazas tales como la enfermedad, el hambre, el desempleo, el crimen, el conflicto social, la represión política o los riesgos medioambientales (King & Murray, 2001-2002). Supondrá, en suma, como plantean Ken Booth y otros (citado por Terrif et al., 2007), la «emancipación» del individuo de las ataduras físicas o humanas que puedan impedirle hacer lo que desearía, incluyendo el hambre, la enfermedad, la discapacidad, el desempleo, etc".

24 RODRÍGUEZ PÉREZ, P. E. (2021): "Seguridad y ciudades globales: Madrid, nuevo concepto de seguridad en el marco de los ODS", Cuadernos de Gobierno y Administración Pública 8-1, p. 106, "Teniendo en cuenta esta restricción de movimientos individuales y sociales como denominador común de las políticas institucionales, las mismas han pasado también por una evolución significativa ya que de una restricción de movimientos muy concreta en los domicilios y que tenía contadas excepciones, en la actualidad se restringen actividades sociales para tratar de conseguir, de manera indirecta, este control de movimientos sociales y por tanto de cada ciudadano, pero también preservando en la medida de lo posible el equilibrio con los bienes productivos y el trabajo.
La derivada primera de este tipo de políticas sanitarias, enfocadas en comportamientos sociales y su control, lleva directamente a políticas de seguridad que son la plasmación activa de las medidas que la administraciones públicas deben hacer efectivas y eficaces, de ahí como señalé anteriormente deriva el silogismo de que

por lo que se han tenido que adaptar la seguridad a nuevas situaciones que meses antes no se habían si quiera planteado.

Por otro lado, tanto el crecimiento de los grandes núcleos urbanos, como el vaciamiento de las zonas rurales, exigen respuestas diferentes ante retos de seguridad distintos. En definitiva, el de seguridad no es un concepto rígido, inamovible. Muy al contrario, estamos ante un término cambiante, flexible, que está en plena transformación en paralelo, por otro lado, con las necesidades de la propia sociedad.

La evolución de la seguridad informática es un claro ejemplo de este fenómeno al que me estoy refiriendo. Hace, por ejemplo, 25 años era difícilmente imaginable la importancia que para los estados y las empresas tenía mantener la indemnidad de la información. Hoy se dedica un gran esfuerzo en recursos económicos y personales en orden a alcanzar unos niveles adecuados de seguridad en esta materia, evitando riesgos cuya concreción no solo podría implicar grandes pérdidas económicas, sino que podrían poner en riesgo la existencia misma del Estado Democrático y de Derecho[25].

---

un problema de orden sanitario tiene un reflejo de marcado carácter de seguridad y orden público que en estos momentos se vuelve más concreto y marcado".

25 Un claro ejemplo de como la seguridad de la información es vital para la configuración del Estado democrático lo encontramos en el caso Cambridge Analytica. Esta era una empresa con sede en Londres que usaba el análisis de datos para desarrollar campañas para marcas y políticos que buscaban "cambiar el comportamiento de la audiencia", según indicaba su sitio web. La compañía, que tenía una rama comercial y otra política, fue fundada en 2013 como una derivación de otra firma similar llamada SCL Group por el analista financiero Alexander Nix.
La obtención de perfiles de 50 millones de usuarios de Facebook no fue obra de Cambridge Analytica, sino que se atribuye al profesor de la Universidad de Cambridge Aleksandr Kogan. A modo de proyecto personal, Kogan desarrolló en 2013 un test de personalidad en formato de aplicación de Facebook.
Unos 265.000 usuarios completaron el test que requería permiso para acceder a información personal y de la red de amigos, sin el consentimiento de estos últimos. Fue así como Kogan se hizo de actualizaciones de estado, "me gusta" y hasta mensajes privados de más del 15% de la población de EE.UU., los cuales luego vendió a la empresa de Nix. Según las políticas de Facebook, los datos recopilados en su plataforma solo pueden ser usados para propósitos de la misma aplicación y no pueden ser transferidos o vendidos. En entrevista con la BBC, Wylie explicó que cruzaron los datos del test de Kogan con la información de Facebook para inferir perfiles psicológicos de cada usuario. Así, Cambridge Analytica logró saber cuál debía ser el contenido, tema y tono de un mensaje para cambiar la forma de pensar de los votantes de forma casi individualizada. Pero la compañía no solo envió publicidad personalizada, sino que desarrolló noticias falsas que luego replicó a través de redes sociales, blogs y medios, aseguró Wylie. En su opinión, no es ca-

En realidad, podría decirse que estamos ante una verdadera metamorfosis no solo del concepto de seguridad, sino del mismo Estado. Sobre esto volveré más adelante, pero conviene ahora si quiera referir brevemente el trabajo de la profesora Mercedes Fuertes (2022), en el que se ponen de manifiesto, con certera descripción, los principales cambios que se están produciendo. Así señala expresamente que, "la fortaleza casi inexpugnable que exhibía en otras épocas el poder resulta ahora burlada. Los altos muros de esa alcazaba o fortaleza, las sólidas vigas de las que presumía la morada del Leviatán parecen de cartón piedra ante la facilidad con la que se traspasan por unos espectros, esas corrientes eléctricas que impulsan una numeración que se convierte en datos, protocolos y programas que mueven tanta información"[26].

No obstante, independientemente del ámbito en el que nos movamos, analógico o digital, es necesario garantizar la seguridad del tráfico o "la paz del camino", que fomenta la comunicación y el desarrollo de las sociedades[27]. Los riesgos, del tipo que sean, seguirán existiendo. La seguridad implica, precisamente, tratar de evitar que se concreten y, en su caso, reducir los daños y perjuicios.

3.3. SEGURIDAD PÚBLICA Y SEGURIDAD PRIVADA: DOS CARAS DE LA MISMA MONEDA

Esta distinción entre seguridad pública y seguridad privada es clave para entender los grandes avances a los que se enfrenta el sector en los próximos años. La presencia del Estado seguirá siendo, según entiendo, imprescindible, pero desde luego parece que se tiende a una mayor "privatización"[28] del sector, precisamente por el vuelco hacía lo digital. Pese a que el

---

sualidad que las noticias falsas y particularmente aquellas divulgadas vía Facebook se convirtieran en un tema de debate durante las últimas elecciones presidenciales de EE.UU. por su posible incidencia en la victoria de Trump.En concordancia con la ideología de Stephen Bannon, el controversial exasesor de Trump cercano a la ultraderecha estadounidense que contrató a Cambridge Analytica, la consultora se enfocó en "cambiar la cultura" en vez de la política, dijo Wylie. Véase www.bbc.com, última consulta 29 de diciembre de 2022.

26 FUERTES, M., (2022), *Metamorfosis del Estado. Maremoto digital y ciberseguridad, Marcial Pons*, p. 12.

27 Ibidem.

28 Utilizo el termino privatización con muchísima cautela, pues no pretendo indicar que el Estado desaparezca, sino que se cambian los modos de gestión de los servicios o se amplía el ámbito de la seguridad privada por parte del legislador.

objetivo común es el mismo, la seguridad, la lógica y la perspectiva desde el ámbito público o privado es diferente y debemos partir de esta base para realizar cualquier análisis[29].

No deja de ser normal que el sector privado que se dedica a la seguridad avance, precisamente, en busca de nichos de mercado, sometido a cada vez más altas cotas de competitividad que exigen una innovación constante[30]. Esa innovación y competitividad no es tan intensa en el sector público, aunque las nuevas formas de delincuencia hacen que este deba buscar, igualmente, nuevas formas de proteger los derechos y libertades de los ciudadanos.

Pese a la distinción entre ambos sectores, la comunicación, interdependencia y coordinación (también subordinación) es constante y clara. No obstante, cada una de ellas tiene funciones bien definidas.

Así, la seguridad pública implica la protección de personas y bienes[31]. Protección frente a riesgos que no es necesario que sean excepcionales, sino que pueden ser, si se permite la expresión, habituales. Esto es lo que justifica, precisamente, la intervención del Estado, es decir, evitar que los riesgos se concreten en daños[32]. Y para ello es necesario intervenir, mediante el uso del poder público, en los derechos y libertades de los ciudadanos[33]. En este sentido, el TC ha señalado en su doctrina una serie de características propias de la seguridad pública:

---

29 BOSCH, J.L.C.; FARRAS. J., MARTÍN, M.; SABATÉ, J. y TORRENTE, D., (2004), "Estado, mercado y seguridad ciudadana. Análisis de la articulación entre la seguridad pública y privada en España", *op. cit.*

30 TORRENTE, D., (2015), *Análisis de la seguridad privada,* op. cit, p. 32.

31 AGIRREAZKUENAGA ZIGORRAGA, I., (2006), "Las competencias estatales y autonómicas en materia de seguridad pública y privada. ¿Se opera algún cambio con el nuevo Estatuto para Catalunya?", *Revista Catalana de Seguretat Pública,* núm. 16, p. 62, "La seguridad pública puede entenderse como valor o bien jurídico colectivo constituido por el conjunto de condiciones que permiten el goce pacífico e imperturbado de los derechos y libertades de los ciudadanos y la convivencia ciudadana. E igualmente como la acción de los poderes públicos o el conjunto de potestades de que disponen las instituciones públicas destinadas al mantenimiento o restauración de dicho bien jurídico. Con este concepto de la seguridad pública se interrelacionan otros tales como los de policía de seguridad, seguridad ciudadana y el orden público".

32 Aunque la evolución de la seguridad pública tiende, por su propia naturaleza, a centrarse en la represión al tener el monopolio del uso de la fuerza, dejando a la seguridad privada la prevención. Así lo pone de manifiesto ROLDÁN BARBERO, H., (2001), "La seguridad privada en la prevención de delito", op. cit.

33 AGUADO I CUDOLÀ, V., (2007), *Derecho de la Seguridad Pública y Privada,* op. cit., págs. 67 y ss.

- Se centra fundamentalmente en el ámbito del art. 104 de la CE, esto es la actividad dirigida a la protección de personas y bienes y al mantenimiento de la tranquilidad y el orden ciudadano.
- Tiene un marcado carácter de residualidad (sic) por cuanto se trata de la protección de personas y bienes y mantenimiento de la seguridad ciudadana cuando estos objetivos no puedan conseguirse mediante el ejercicio de otras competencias.
- Engloba un conjunto plural y diversificado de actuaciones, distintas por su naturaleza y contenido orientadas a la protección del bien jurídico en el punto anterior.
- Comprende el conjunto de actuaciones que son específicas de las organizaciones instrumentales que se dedican a este fin, en especial las actuaciones de las Fuerzas y Cuerpos de Seguridad
- No se agota en las actuaciones o servicios policiales, sino que también comprende las actuaciones referidas a las medidas de seguridad en entidades y establecimientos[34].

Por otro lado, la seguridad privada, dependiente y subordinada a la seguridad pública, reúne una serie de características propias que, pese a las inevitables similitudes, la hace diferente. Sobre todo, en lo que se refiere a su perspectiva de futuro. En esta línea, se ha de poner de manifiesto que la seguridad privada atiende, esencialmente, a necesidades particulares, esto es, personas y empresas que han decidido contratar estos servicios en el mercado por diferentes razones. Estas pueden ir desde la carencia o deficiencia de la prestación del servicio por el sector público[35], hasta la obligación legal de contratar estos servicios[36].

---

34 Ibidem, pág. 49

35 AGIRREAZKUENAGA I., (1989), "Perfiles y problemática de la seguridad privada en el ordenamiento jurídico español", *Revista de Administración Pública*, núm. 118, p. 104, "Está claro que el Estado se ve impotente para garantizar con sus exclusivos medios la seguridad demandada por los ciudadanos, y se encuentra obligado a ceder parte del monopolio en el uso de la fuerza, que ostenta, en organismos privados cuya tutela deberá ser ejercida por los órganos competentes de las Fuerzas y Cuerpos de Seguridad".

36 Algunos autores señalan un ámbito específico de la seguridad privada, en concreto el que se refiere el "riesgo específico", es decir, ciertos ciudadanos, instituciones o instalaciones por su volumen patrimonial (entidades bancarias) o riesgo acumulado (industrias, personalidades) necesitan unos medios de protección que, al sobrepasar los normales, podrían suponer una carga injustificada al erario público o menoscabo del servicio público de seguridad y con perjuicio al resto de

Pero lo cierto es que esa capacidad de moldearse a las necesidades del cliente hace que la seguridad privada tenga, en mi opinión, una mayor posibilidad de adaptación. Existe en la seguridad privada una necesidad vital de escuchar al cliente que no se da en la seguridad pública. Esto es determinante en la evolución y transformación de ambas. Por ello, estimo que la seguridad privada está llamada a cumplir una misión cada vez más importante. Esto no debe ser a costa de la seguridad pública, pues no debemos entender su relación como de rivalidad o competencia, sino como de colaboración. Y ello, aunque el legislador siga en su empeño de subordinar una a la otra, como prevé el art. 1.1 de la Ley 5/2014, de 4 de abril, de Seguridad Privada (en adelante, LSP).

En este trabajo trataré de poner de manifiesto que la seguridad privada, por su sometimiento a las reglas del mercado, tiene un componente de innovación que quizás le falta al ámbito público. Aunque alguna regulación ponga más trabas al sector privado[37], lo cierto es que este está constantemente espoleado por las necesidades comerciales[38], lo que le obliga, como ya

---

ciudadanos", ROLDAN BARBERO, H., "La seguridad privada en la prevención del delito", *op. cit.*, p. 1823.

37 Aunque tendré ocasión de referirme a ello más adelante, lo cierto es que, en materia de protección de datos, la seguridad privada está sometida al régimen general establecido en el Reglamento General de Protección de Datos (RGPD) aprobado por Reglamento (UE) 2016/679 del Parlamento Europeo y del Consejo, de 27 de abril de 2016, relativo a la protección de las personas físicas en lo que respecta al tratamiento de datos personales y a la libre circulación de estos datos y por el que se deroga la Directiva 95/46/CE y la Ley Orgánica 3/2018, de 5 de diciembre, de Protección de Datos Personales y garantía de los derechos digitales. LOPD, muy riguroso, como es sabido. Mientras que la seguridad pública está sometida a la Directiva (UE) 2016/680 del Parlamento Europeo y del Consejo, de 27 de abril de 2016, relativa a la protección de las personas físicas en lo que respecta al tratamiento de datos personales por parte de las autoridades competentes para fines de prevención, investigación, detección o enjuiciamiento de infracciones penales o de ejecución de sanciones penales, y a la libre circulación de dichos datos y por la que se deroga la Decisión Marco 2008/977/JAI del Consejo y a la norma de transposición española, la Ley Orgánica 7/2021, de 26 de mayo, de protección de datos personales tratados para fines de prevención, detección, investigación y enjuiciamiento de infracciones penales y de ejecución de sanciones penales, que establece un régimen de protección de datos mucho más flexible.

38 AGUADO I CUDOLÀ, V., (2007), Derecho de la Seguridad Pública y Privada, op. cit., p. 25, "Se trata de una actividad empresarial que mueve diariamente unas grandes cifras de dinero y que trata de encontrar su espacio en un ámbito que ha sido considerado como propio de las Fuerzas y Cuerpos de Seguridad. En un primer momento, la doctrina ha intentado frenar la expansión de esta actividad para evitar

he dicho, a realizar constantes inversiones en innovación y desarrollo. Esto es especialmente importante cuando los principales retos actuales están relacionados con los avances tecnológicos, especialmente con la inteligencia artificial (IA, en adelante), donde la seguridad privada está llamada a jugar un papel esencial, según entiendo, por las propias características del sector.

Por esto, pienso que la regulación actual debe cambiar y poner a la seguridad privada en el lugar que le corresponde, junto a la pública. En coordinación y colaboración con esta, claro está, pero no subordinada, pues se lastra su desarrollo. No tiene sentido que a punto de terminar el primer cuarto del siglo XXI exista esa desconfianza de lo público hacia lo privado, como si aquel tuviera que tutelar a este[39]. No. Como digo, los tiempos han cambiado, y ello implica un mayor reconocimiento a la seguridad privada, una mayor confianza en que podrá cumplir con sus cometidos con la misma eficacia que el sector público, y puede que con mayor eficiencia.

Y todo ello sin perjuicio de que, como pone de manifiesto Casino Rubio[40], la seguridad pública y la privada persiguen, en definitiva, un mismo

---

lo que ha venido a considerarse por algunos autores como una clara privatización de funciones públicas, que favorece al cliente que tiene capacidad adquisitiva para proveerse de estos servicios de seguridad y que, en cambio, desatiende al ciudadano común que no siempre puede proveerse de dichos servicios. No obstante, el fenómeno nos guste o no parece difícilmente reversible. Es, permítaseme la expresión, como «poner puertas al campo». La creciente presión de un sector por legitimarse ante la opinión pública busca su reconocimiento a través de la profesionalización de la actividad y la exigencia de unos requisitos a todas las empresas y profesionales del sector. Ello ha llevado a la aprobación de leyes sobre seguridad privada en la mayoría de los países europeos. El carácter imparable del fenómeno ha sido avalado también, según veremos, por la propia jurisprudencia del Tribunal Europeo de Justicia en base a las libertades de circulación de trabajadores, establecimiento y prestación de servicios. Por ello, en la actualidad, el jurista se ve avocado a aceptar una realidad que se ha consolidado plenamente tanto desde un plano efectivo en la realidad social y económica, como en el marco jurídico existente. Ello, no obsta sin embargo, a la necesidad de establecer límites precisos en una actividad que debe requerir una habilitación expresa y las suficientes garantías en aquellas actuaciones que incidan en los derechos libertades de los ciudadanos.

39 RODRÍGUEZ RODRÍGUEZ, J. F. y CABALLERO SALINAS, J. F., (2019), "La seguridad privada en España y la prevención del delito", *Archivos de Criminología, Seguridad Privada y Criminalística*, Año 7, vol. XIII, p. 87. "La relación entre las compañías de seguridad privada y los cuerpos policiales presenta problemas de competencia y conflictos agravados cuando, como ocurre en España, es la propia policía la institución de supervisión que otorga las autorizaciones a las empresas del sector de seguridad privada y vigila el cumplimiento de la ley por parte de las mismas".

40 CASINO RUBIO, M., (2006) "La denominada «seguridad privada» ¿es verdaderamente privada?", op. cit., 17, p. 87

bien, que es la seguridad "pública", el orden público y la tranquilidad ciudadana, como bienes constitucionalmente protegidos.

3.4. ¿UN MERCADO EXCESIVAMENTE REGULADO? EL "MODELO" ESPAÑOL DE REGULACIÓN

Cuando hablo de seguridad pública y seguridad privada no hago referencia a una seguridad en la que interviene el Estado frente a otra en la que este está ausente. En cualquiera de ellas el papel del Estado es esencial, bien prestando directamente el servicio a través de las Fuerzas y Cuerpos de Seguridad del Estado, o bien controlando, supervisando, el ejercicio de las actividades de seguridad por empresas y profesionales privados.

Por tanto, en la seguridad privada también está preste el Estado. En este caso, regulando la actividad por medio de leyes y reglamentos, sometiendo la prestación del servicio a algún tipo de control previo o posterior, supervisando el cumplimiento de los correspondientes requisitos por medio de la actividad de inspección, obligando a las empresas y profesionales del sector a inscribirse en determinados registros administrativos y, en última instancia, ejerciendo la potestad sancionadora si se verifica la comisión de alguna infracción. Sea como fuere, el Estado está presente.

En este sentido, cabe afirmar que España es un país de los que más fuertemente regulado tiene el sector de la seguridad privada frente a otros países de nuestro entorno. Y cabe preguntarse ahora, ¿Por qué esta regulación tan exhaustiva, tan detallada y férrea? Pues bien, ya he hecho referencia más arriba a la desconfianza que el sector público tiene hacia el privado en este ámbito concreto. Una desconfianza que tiene que ver, en definitiva, con la profesionalidad de los trabajadores del sector, la permeabilidad en la infiltración de delincuentes, el desmesurado uso de la fuerza o el riesgo de atentado contra los derechos fundamentales y libertades públicas[41]. No es poco, desde luego, lo que está en juego.

---

41 BUTTON, M. and STIERNSTEDT, P., (2018) "Comparing private security regulation in the European Union", *Policing and Society*, Volume 28, Issue 4, p. 398, "The involvement in policing, the frequent exercise of legal powers, the use of force — sometimes deadly, along with the particular sensitivities of the security function including (the need to ensure the probity of staff); combined with a variety of problems associated with growing private security industries, such as criminal infiltration, poor standards and excessive use of force, to name some, have all combined to encourage states to introduce special regulatory systems for private security".

Pero a estas alturas, con una democracia que alcanza ya la sosegada madurez de los 45 años desde la aprobación de la Constitución de 1978, quizás sea el momento de plantearse una regulación más acorde con la apertura de un sector que tiene mucho que aportar por su experiencia, profesionalidad y conocimientos en determinados ámbitos. En el año 2014 se perdió, estimo, una oportunidad preciosa para acometer la reestructuración de un sector vital, para la sociedad española. Para su seguridad y para su desarrollo económico también.

En los siguientes apartados intentaré desarrollar las principales características del modelo de regulación español sobre el sector privado. Modelo que es, como ya se ha indicado, de los más intervencionistas del mundo. Una desconfianza que quizás pudo tener justificación en el pasado pero que, hoy, incido en esta idea, no tiene razón de ser.

3.4.1. Limitación por ley de las actividades que pueden realizar las empresas y profesionales del sector. Reserva legal de estas actividades a empresas de seguridad privada

Una de las principales características del modelo de regulación español es la limitación legal de las actividades que pueden realizar las empresas de seguridad privada. Esto implica que estas empresas no pueden dedicarse libremente a las actividades que estimen oportunas, sino que deben limitarse a algunas de las que viene definidas en la LSP. Su objeto social, por consiguiente, está limitado.

En este sentido, la LSP define cuales son las actividades de seguridad privada en su artículo 5[42]. Por su parte, el artículo 6[43] establece que acti-

---

[42] Artículo 5. Actividades de seguridad privada.
1. Constituyen actividades de seguridad privada las siguientes:
a) La vigilancia y protección de bienes, establecimientos, lugares y eventos, tanto públicos como privados, así como de las personas que pudieran encontrarse en los mismos.
b) El acompañamiento, defensa y protección de personas físicas determinadas, incluidas las que ostenten la condición legal de autoridad.
c) El depósito, custodia, recuento y clasificación de monedas y billetes, títulos-valores, joyas, metales preciosos, antigüedades, obras de arte u otros objetos que, por su valor económico, histórico o cultural, y expectativas que generen, puedan requerir vigilancia y protección especial.
d) El depósito y custodia de explosivos, armas, cartuchería metálica, sustancias, materias, mercancías y cualesquiera objetos que por su peligrosidad precisen de vigilancia y protección especial.

vidades son compatibles con las actividades de seguridad propiamente dicha. Es decir, los profesionales y empresas del sector no pueden dedicarse a otras actividades diferentes de las que vengan señaladas en los artículos 5 y 6 de la LSP. Es una intervención muy intensa, como se puede ver, pues el

---

e) El transporte y distribución de los objetos a que se refieren los dos párrafos anteriores.
f) La instalación y mantenimiento de aparatos, equipos, dispositivos y sistemas de seguridad conectados a centrales receptoras de alarmas o a centros de control o de videovigilancia.
g) La explotación de centrales para la conexión, recepción, verificación y, en su caso, respuesta y transmisión de las señales de alarma, así como la monitorización de cualesquiera señales de dispositivos auxiliares para la seguridad de personas, de bienes muebles o inmuebles o de cumplimiento de medidas impuestas, y la comunicación a las Fuerzas y Cuerpos de Seguridad competentes en estos casos.
h) La investigación privada en relación a personas, hechos o delitos sólo perseguibles a instancia de parte.
2. Los servicios sobre las actividades relacionadas en los párrafos a) a g) del apartado anterior únicamente podrán prestarse por empresas de seguridad privada, sin perjuicio de las competencias de las Fuerzas y Cuerpos de Seguridad. Los despachos de detectives podrán prestar, con carácter exclusivo y excluyente, servicios sobre la actividad a la que se refiere el párrafo h) del apartado anterior.
3. Las entidades públicas o privadas podrán constituir, previa autorización del Ministerio del Interior o del órgano autonómico competente, centrales receptoras de alarmas de uso propio para la conexión, recepción, verificación y, en su caso, respuesta y transmisión de las señales de alarma que reciban de los sistemas de seguridad instalados en bienes inmuebles o muebles de su titularidad, sin que puedan dar, a través de las mismas, ningún tipo de servicio de seguridad a terceros.

43 Artículo 6. Actividades compatibles.
1. Quedan fuera del ámbito de aplicación de esta ley, sin perjuicio de la normativa específica que pudiera resultar de aplicación, especialmente en lo que se refiere a la homologación de productos, las siguientes actividades:
a) La fabricación, comercialización, venta, entrega, instalación o mantenimiento de elementos o productos de seguridad y de cerrajería de seguridad.
b) La fabricación, comercialización, venta o entrega de equipos técnicos de seguridad electrónica, así como la instalación o mantenimiento de dichos equipos siempre que no estén conectados a centrales de alarma o centros de control o de videovigilancia.
c) La conexión a centrales receptoras de alarmas de sistemas de prevención o protección contra incendios o de alarmas de tipo técnico o asistencial, o de sistemas o servicios de control o mantenimiento.
d) La planificación, consultoría y asesoramiento en materia de actividades de seguridad privada, que consistirá en la elaboración de estudios e informes de seguridad, análisis de riesgos y planes de seguridad referidos a la protección frente a todo tipo de riesgos, así como en auditorías sobre la prestación de los servicios de seguridad.

Estas actividades podrán desarrollarse por las empresas de seguridad privada.
2. Quedan también fuera del ámbito de aplicación de esta ley, a no ser que impliquen la asunción o realización de servicios o funciones de seguridad privada, y se regirán por las normas sectoriales que les sean de aplicación en cada caso, los siguientes servicios y funciones:
a) Las de información o de control en los accesos a instalaciones, comprendiendo el cuidado y custodia de las llaves, la apertura y cierre de puertas, la ayuda en el acceso de personas o vehículos, el cumplimiento de la normativa interna de los locales donde presten dicho servicio, así como la ejecución de tareas auxiliares o subordinadas de ayuda o socorro, todas ellas realizadas en las puertas o en el interior de inmuebles, locales públicos, aparcamientos, garajes, autopistas, incluyendo sus zonas de peajes, áreas de servicio, mantenimiento y descanso, por porteros, conserjes y demás personal auxiliar análogo.
b) Las tareas de recepción, comprobación de visitantes y orientación de los mismos, así como las de comprobación de entradas, documentos o carnés, en cualquier clase de edificios o inmuebles, y de cumplimiento de la normativa interna de los locales donde presten dicho servicio.
c) El control de tránsito en zonas reservadas o de circulación restringida en el interior de instalaciones en cumplimiento de la normativa interna de los mismos.
d) Las de comprobación y control del estado y funcionamiento de calderas, bienes e instalaciones en general, en cualquier clase de inmuebles, para garantizar su conservación y funcionamiento.
Estos servicios y funciones podrán prestarse o realizarse por empresas y personal de seguridad privada, siempre con carácter complementario o accesorio de las funciones de seguridad privada que se realicen y sin que en ningún caso constituyan el objeto principal del servicio que se preste.
3. El personal no habilitado que preste los servicios o funciones comprendidos en el apartado anterior, en ningún caso podrá ejercer función alguna de las reservadas al personal de seguridad privada, ni portar ni usar armas ni medios de defensa, ni utilizar distintivos, uniformes o medios que puedan confundirse con los previstos para dicho personal.
4. Los prestadores de servicios de seguridad privada que vendan, entreguen, instalen o mantengan equipos técnicos de seguridad, no conectados a centrales receptoras de alarmas o a centros de control o de videovigilancia, quedan fuera del ámbito de aplicación de la legislación de seguridad privada.
5. Las empresas de seguridad privada que se dediquen a la instalación o mantenimiento de aparatos, dispositivos y sistemas de seguridad que no incluyan la conexión a centrales receptoras de alarmas o a centros de control o de videovigilancia, sólo están sometidas a la normativa de seguridad privada en lo que se refiere a las actividades y servicios de seguridad privada para las que se encontrasen autorizadas.
6. A las empresas, sean o no de seguridad privada, que se dediquen a las actividades de seguridad informática, entendida como el conjunto de medidas encaminadas a proteger los sistemas de información a fin de garantizar la confidencialidad, disponibilidad e integridad de la misma o del servicio que aquéllos prestan, por su incidencia directa en la seguridad de las entidades públicas y privadas, se les

legislador limita las actividades a las que se puede dedicar el sector privado de la seguridad[44].

Se trata de cercenar el derecho a la libertad de empresa. Lo que no queda claro en la LSP (tampoco se justificaba en la de 1992) es el motivo que justifica dicha intervención. No se explica de manera adecuada, en mi opinión. El Preámbulo de la norma, en el penúltimo párrafo del punto primero, indica: "La defensa de la seguridad y el legítimo derecho a usarla no pueden ser ocasión de agresión o desconocimiento de derechos o invasión de las esferas jurídicas y patrimoniales de otras personas. Y ésta es una de las razones que justifican la intensa intervención en la organización y desarrollo de las actividades de las entidades privadas de seguridad y de su personal, por parte de la Fuerzas y Cuerpos de Seguridad, que tienen la misión constitucional de proteger los derechos fundamentales de todos los ciudadanos y garantizar su seguridad". La idea de la intervención para proteger los derechos y libertades de los ciudadanos está clara. Pero no se justifica una intervención tan intensa. Es decir, por qué este modelo y no otro.

Otros países de nuestro entorno, especialmente los nórdicos, no hacen esa limitación y permiten a las empresas de seguridad privada realizar actividades mucho más amplias: ambulancias, tráfico, asistencia a vehículos averiados o bomberos. Aunque los requisitos de autorización y formación son mucho más estrictos[45].

La razón, según algunos autores, se encuentra en la necesidad de potenciar la profesionalización y especialización del sector, separando dichas actividades de cualesquiera otras. Así, IZQUIERDO CARRASCO, M., (2004),

---

podrán imponer reglamentariamente requisitos específicos para garantizar la calidad de los servicios que presten.

44 Y ello cuando el sector de la seguridad privada no está predeterminado, tal y como indica ROLDAN BARBERO, H., "La seguridad privada en la prevención del delito", *op. cit.*, p. 1823, "Reconocidos estos principios de riesgos específico, la extensión de la seguridad privada por otros espacios sociales no conoce límites apriorísticos. Aun sin una obligación expresa, cualquier persona que se lo puedan permitir podrá contratar algún servicio de seguridad de los que se encuentran en el mercado".

45 TORRENTE, D., (2015), *Análisis de la seguridad privada, op. cit.*, p. 42, "Así, los países nórdicos adoptan una definición amplia e integral de los servicios de seguridad privada que incluye, por ejemplo, ambulancias, tráfico, asistencia a vehículos averiados o bomberos. Los requisitos de autorización y formación son muy estrictos. Se suelen exigir informes anuales u hojas de registro sobre actividades de las empresas. A cambio, la seguridad privada tiene pocas restricciones para actuar en espacios públicos, o asumir funciones tradicionalmente desempañadas por la Policía".

indica que: "Además, se consigue una mayor simplicidad de su régimen jurídico y funcionamiento; se facilita su control por parte de la Administración; y se evitan extrañas situaciones concurrenciales, en algún supuesto, se alcanza una mayor autonomía funcional"[46]. Se trata, en definitiva, de una contrapartida a la reserva, en exclusiva, a estas empresas de la posibilidad de realizar actividades de seguridad privada.

Personalmente entiendo que esta limitación pudo tener su lógica en algún momento, con un sector, quizás, poco maduro. Pero en la actualidad no tiene mucho sentido, pues la profesionalidad de las empresas y trabajadores está fuera de toda duda.

Por otro lado, encontramos la reserva legal de dichas actividades a empresas de seguridad privada. Es decir, las labores definidas por la LSP como de seguridad privada, solo podrán ser realizadas por empresas de seguridad. No por otro tipo de empresas. A salvo quedan las labores de autoprotección, que en ningún caso podrán suponer, tal y como señala el art. 7.1 de la LSP, actividades reservadas a las empresas de seguridad.

Esta reserva se encuentra motivada, asimismo, en la necesidad de lograr la máxima profesionalización de estas actividades. En garantizar que dichas labores sean desarrolladas, de manera exclusiva, por trabajadores que han recibido una formación adecuada. Todo ello para proteger los derechos fundamentales y libertades públicas en liza.

3.4.2. Control administrativo de acceso al mercado de la seguridad privada: autorización administrativa o declaración responsable

La autorización administrativa es el instrumento tradicional a través del cual la Administración pública puede controlar el comienzo de una actividad económica por parte de los particulares. Se trata de un control administrativo *ex ante*, es decir, la Administración competente comprueba, con carácter previo al inicio de la actividad, si la empresa o particular cumple los requisitos normativos previamente establecidos. Si no se cumplen dichos requisitos, o existe algún defecto en los mismos, se deniega dicha autorización o se establece un plazo de subsanación.

Es un método eficaz para garantizar el cumplimiento de los requisitos y controlar que un mercado determinado funcione adecuadamente. Se

---

[46] IZQUIERDO CARRASCO, M., (2004), *La seguridad privada: régimen jurídico administrativo*, op. cit., p. 92.

trata, en definitiva, de un procedimiento administrativo. Puede resultar, en ocasiones, lento e incómodo para los promotores de las actividades económicas de que se trate. Pero lo cierto es que con el desarrollo de medios electrónicos y telemáticos se está agilizando su tramitación y evitando muchas duplicidades que antes se producían. No obstante, queda un largo camino aún por recorrer. Como ya he tenido ocasión de señalar en alguna ocasión[47], a punto de terminar el primer cuarto de siglo XXI, no tiene

---

[47] CORRAL SASTRE, A., *La liberalización del sector turístico ¿Hacía un modelo de turismo sostenible?,* Reus, 2017, pp. 408 y ss., en el que indico lo siguiente: "Y por último, me voy a referir a una de las propuestas que considero más novedosas de este trabajo: la posibilidad de mantener los controles administrativos previos, antes del inicio de la actividad, sin que los promotores deban esperar más de 24 o 48 horas para comenzar a prestas los correspondientes servicios. En definitiva, que el control previo fuese prácticamente simultáneo a la presentación de la solicitud por el interesado, sin que tuviese que esperar más de 24 o 48 horas.

A ello ya me he referido más arriba cuando se hablaba de la Administración Electrónica. Y es que, para que, en efecto, pueda desarrollarse adecuadamente este sistema de control previo simultáneo, debería estar implantada totalmente la Administración Electrónica, es decir, debería estar publicada la información en la sede electrónica correspondiente (artículo 38 de la Ley 40/2015, de 1 de octubre) poder iniciarse el procedimiento mediante la presentación de la solicitud y restantes documentos acreditativos del cumplimiento de los requisitos en el Registro Electrónico correspondiente (artículo 16 de la Ley 39/2015, de 1 de octubre), y estar debidamente habilitados los sistemas de interoperabilidad entre las diferentes administraciones públicas para, en su caso, realizar las comprobaciones que se estimen oportunas (artículos 155 a 158 de la Ley 40/2015, de 1 de octubre).

De tal forma que una empresa o profesional interesado en realizar una determinada actividad turística, debería previamente acudir a la sede electrónica de la Administración correspondiente (según considero más adecuado, la municipal) para informarse de todos los requisitos que debe cumplir (urbanísticos, turísticos, fiscales, etcétera). Una vez cumplido los requisitos correspondientes y estando en posesión de los documentos que así lo acredite, podría presentar su solicitud vía telemática, junto con el resto de los documentos acreditativos del cumplimiento de los requisitos y, 24 o 48 horas después, comenzar la actividad turística de que se trate.

Así, la Administración pública podrá comprobar con carácter previo si el promotor tiene realmente toda la documentación y si esta se ajusta a los requisitos establecidos por las normas sectoriales correspondientes (sin perjuicio del plazo de subsanación que deba otorgar, en su caso), y, en caso contrario, actuar en consecuencia.

De esta manera, se podría evitar uno de los grandes problemas que presentan en la actualidad las declaraciones responsables o comunicaciones previas, es decir, que la Administración no tiene forma de saber si lo que manifiesta el promotor

sentido que la Administración tarde más de 48 o 72 horas en comprobar si el promotor cumple los requisitos sin necesidad, incluso, de aportar documentos que lo acredite.

Según el artículo 18.1 de la LSP, "Para la prestación de servicios de seguridad privada, las empresas de seguridad privada deberán obtener autorización administrativa y serán inscritas de oficio en el registro correspondiente, de acuerdo con el procedimiento que se determine reglamentariamente". Es decir, para la prestación de servicios de seguridad privada la Administración competente realiza un control previo sobre el cumplimiento de los requisitos normativos de manera que, si no se cumplen estos, no se permitirá el acceso al mercado. La Administración garantiza así que los servicios privados de seguridad cumplan unos mínimos estándares de calidad, se respeten escrupulosamente los derechos fundamentales y libertades públicas de los ciudadanos y, además, se eviten ciertas externalidades no deseadas[48]. La autorización administrativa se erige, por tanto, como el método elegido por el legislador para controlar esta actividad económica.

Sin embargo, el mismo art. 18.2 de la LSP permite utilizar la declaración responsable cuando el prestador de servicios de seguridad privada pretenda dedicarse exclusivamente a la instalación y mantenimiento de aparatos, equipos, dispositivos y sistemas de seguridad conectados a centrales receptoras de alarmas o a centros de control o de videovigilancia (art. 5.1.f)).

---

de la actividad es real, porque este no está obligado a presentar (en la mayoría de los casos) documentación acreditativa alguna, aunque la posea. Sin embargo, si el promotor de la actividad presenta, junto con su solicitud, los documentos (u otros instrumentos) que prueban el cumplimiento de los requisitos, la Administración competente podrá llevar a efecto la actividad de control previo adecuado, sin que ello suponga un coste excesivo a las empresas y profesionales que quieran comenzar a prestar los servicios turísticos de que se trate.

Pero, voy un paso más allá. Si además de la posibilidad de presentar la solicitud y tramitar el procedimiento vía telemática, estuvieran habilitados los sistemas de interoperabilidad entre las diferentes Administraciones públicas y entes privados correspondientes, los promotores de las actividades turísticas podrían ser eximidos de presentar la documentación acreditativa del cumplimiento de los requisitos, pues las Administraciones públicas podrían comprobar dichos datos mediante el acceso a las bases correspondientes puestas en común por todos los órganos implicados, siempre respetando, a estos efectos, la legislación de protección de datos, por supuesto".

48 TORRENTE, D., (2015), *Análisis de la seguridad privada*, op. cit., p. 47

La apertura de despachos de detectives privados está sometida, igualmente, a la presentación de una previa declaración responsable, junto con la inscripción, de oficio, en el Registro Nacional de Seguridad Privada.

En ambos casos la Administración controla el acceso al mercado a través de una declaración responsable. Este instrumento es mucho más ágil para los que quieran prestar servicios de seguridad privada, al relajar el control administrativo, pero conlleva algunos riesgos para el interés general. En concreto, la ausencia de control administrativo sobre el cumplimiento de los requisitos normativos[49], ya que se permite el inicio de la actividad sin ningún tipo de supervisión previa por parte de la Administración competente. Quizás para la instalación y mantenimiento de equipos y sistemas de seguridad es suficiente este tipo de intervención administrativa mínima.

Pero me parece del todo inadecuado en el caso de la apertura de despachos de detectives privados dado que hay derechos fundamentales en juego que se deben proteger a toda costa (intimidad, inviolabilidad del domicilio y la correspondencia, protección de datos, etc.), y dudo que una intervención tan débil sea suficiente. Se requiere, según estimo, una intervención más decidida y eficaz, es decir, una autorización administrativa.

3.4.3. La seguridad privada y la liberalización del mercado de servicios en la Unión Europea

A principios de siglo la Unión Europea presentó una propuesta normativa que pretendía liberalizar el mercado de servicios dentro del territorio de los Estados miembros. La Comisión elabora una propuesta de Directiva a principios del año 2004 (13 de enero) que pretende una intensa liberalización del mercado interior de servicios. Esta propuesta de directiva, también denominada Directiva Bolkestein, en honor del Comisario holandés Frits Bolkestein, planteaba una serie de reformas que tenían como principal objetivo convertir a Europa en la economía más competitiva y dinámica del mundo. El concepto de servicios incluía, sin excepción, "cualquier actividad económica no asalariada... consistente en realizar una prestación a cambio de una remuneración", es decir, cualquier actividad económica,

49 El artículo 69 de la Ley 39/2015, de 1 de octubre, del Procedimiento Administrativo Común de las Administraciones Públicas no prevé que se realice un control posterior lo que supone un riesgo para el interés general y los bienes jurídicos que se pretenden proteger.

también, en lo que ahora interesa, la seguridad privada. Las técnicas utilizadas para alcanzar dicho objetivo eran, esencialmente, tres:

1. La prohibición de que, para acceder a una actividad de servicios o su ejercicio, se establezcan determinados requisitos.
2. La necesidad de evaluar otros requisitos a priori no prohibidos.
3. El principio del país de origen para la determinación de la normativa aplicable.

La propuesta era muy polémica pues se reducía de manera drástica el control que los Estados miembros podrían realizar sobre el acceso al mercado de las actividades económicas, incluidos los servicios de interés general y otros servicios cuya ausencia de control podía poner en riesgo determinados bienes jurídicos que resulta importante proteger.

En el ámbito de la seguridad privada, la inclusión de esta actividad económica en ámbito de aplicación de la norma hubiera tenido importantes consecuencias en relación con la intervención del Estado. En primer lugar, muchos de los requisitos necesarios para la apertura de empresas hubieran sido declarados prohibidos.

Además, se hubiera permitido el establecimiento en España de empresas de otros Estados miembros por el simple hecho de estar autorizadas como tales en dichos Estados, sin que las administraciones españolas pudieran llevar a cabo ningún tipo de control administrativo. En definitiva, un efecto claro de la aplicación del principio del país de origen que, según estimo, no tiene sentido sin una regulación previa a nivel europeo que armonice o unifique los correspondientes requisitos.

En fin, dicha propuesta de Directiva fue duramente criticada por diferentes motivos, algunos de los cuales acabo de mencionar. Así, se puede perder la eficacia del control administrativo, se invita a la deslocalización de las empresas, se puede ver deteriorada la calidad de los servicios que se prestan[50] y, en general, se produce de manera indirecta una desregulación de los diversos sectores afectados, derivada de la propia competitividad entre las empresas y los Estados: las empresas tienden a instalarse en países donde las exigencias regulatorias son menores, de manera que los Estados

---

50 ROMÁN VACA, E., (2006), "La Directiva relativa a los servicios en el mercado interior. La propuesta Bolkestein", *Temas Laborales* núm. 84, p. 33. Para una visión global del proceso de aprobación de la Directiva de Servicios, véase mi trabajo CORRAL SASTRE, A., *La liberalización del sector turístico ¿Hacía un modelo de turismo sostenible?*, op. cit.

que quieran atraer empresas iniciaran, de manera casi natural, el camino de la desregulación[51].

La propuesta de Directiva fue edulcorada a través de diferentes revisiones en el Parlamento Europeo, de manera que muchos de las novedades que se planteaban no fueron finalmente incluidas. En relación con la seguridad privada, fue expresamente excluida del texto final y, por tanto, no se ha visto sometida a este intenso proceso de liberalización. La DS del 2006 excluye a los servicios de seguridad privada en su artículo 2.2.k). Los motivos para su exclusión fueron defendidos por la Confederación Europea de Servicios de Seguridad (CoESS), entre los que destacan dos: que el texto era demasiado liberal ya que eliminaba el sistema de autorizaciones que garantizaban unos estándares de calidad, y el que se refería al principio del país de origen, es decir, que los operadores de un país pudieran ofrecer servicios en otro sin cumplir la regulación de este[52], lo que generó bastante malestar entre los profesionales de aquellos Estados miembros cuya regulación era estricta para acceder a determinadas actividades económicas, como es el caso de España y la seguridad privada.

En realidad, y, en resumidas cuentas, se trata de una cuestión de competencia. Aquellas empresas que han cumplido y cumplen unos estrictos requisitos no pueden ver con buenos ojos una flexibilización de estos. Ello supondría facilitar el acceso al mercado de empresas que no cumplen con los requerimientos normativos y, por tanto, que han tenido menos costes, lo que afecta claramente a su competitividad. Puede suponer también, como es lógico, una bajada de los precios del servicio, lo que beneficia a los consumidores y usuarios. Y también puede afectar a la calidad de los servicios prestados. Como ya se ha puesto de manifiesto más arriba, una de las principales preocupaciones de la CoESS era, precisamente, garantizar unos mínimos estándares de calidad, lo que parecía complicado si se relajaban los controles de acceso al mercado de estos servicios o no se controlaban los requisitos concretos en cada Estado miembro.

---

51 FERRAJOLI, L., (2018), *Constitucionalismo más allá del Estado,* Trotta, p. 20, "También este aspecto se ha invertido la relación entre estado y mercado: ya no son los estados los que garantizan la competencia entre empresas, sin que son las grandes empresas las que ponen a los estados a competir, privilegiando, para sus inversiones, a los países en los que con más facilidad pueden explotar el trabajo, contaminar el medio ambiente o corromper gobiernos".

52 TORRENTE, D., (2015), *Análisis de la seguridad privada,* op. cit., p. 46

3.5. LA YA DEROGADA LEY 23/1992, DE 30 DE JULIO, DE SEGURIDAD PRIVADA

Como ya se ha puesto de manifiesto en otro momento, la Ley de 1992 viene a cumplir unos objetivos concretos en relación con la dispersión normativa, falta de unidad y sistemática en la regulación sobre seguridad privada.

La mayoría de las normas relacionadas con la materia eran preconstitucionales y estaban recogidas en diferentes órdenes y decretos, sin ninguna clase de sistemática ni orden, lo que generaba importantes problemas en el sector. La Ley de 1992 viene, en gran medida, a paliar esos problemas. Crea un marco regulador unitario a través de una norma con rango de Ley. Regula los diferentes subsectores, determinando los requisitos y habilitaciones necesarias para cada una de las profesiones y actividades que se van a desarrollar en este ámbito material.

Por otro lado, el RSP, aún vigente, desarrolla la Ley de 1992 complementado e implementando muchos de los aspectos recogidos en la norma superior. Entra a regular, en detalle, los diferentes sectores, aportando seguridad a un ámbito especialmente sensible como es el de la seguridad privada. No obstante, lo cierto es que esta norma aportaba mucha rigidez[53] a un sector que, por su carácter privado, debe tener cierta flexibilidad, lo que han impedido, en gran medida, su desarrollo libre y natural.

Para entender en todo su alcance la Ley de 1992 es necesario tener presente su contexto social. Así, durante los años 80 se produjo un importante incremento de la sensación inseguridad por parte de los ciudadanos. Además, durante esa década se produjeron importantes privatizaciones de algunos sectores económicos, lo que aumentaba, de alguna manera,

---

53 GIMÉNEZ-SALINAS FRAMIS, A., (2014), "La madurez del sector de seguridad privada en España: Análisis de su evolución legislativa", *Revista Policía y Seguridad Pública,* Año 4, Vol. 1, pág. 55, "La Ley de Seguridad Privada de 1992 supuso un gran avance para el sector de seguridad privada ya que permitió instaurar las reglas de juego para un ámbito empresarial que ofrecía un producto cuyo monopolio lo regentaba el Estado. La Constitución Española, en su artículo 104, establece claramente que la seguridad ciudadana es una misión de las Fuerzas y Cuerpos de Seguridad y, por ello, se permite la actividad de seguridad privada como complementaria a la pública en régimen de subordinación. Sobre este principio se asienta la normativa que nació con una vocación muy rígida y controladora, fruto de la percepción de la seguridad privada como un sector todavía joven, con poca experiencia, al que debía exigírsele un gran nivel de profesionalidad si debía complementar a la seguridad pública".

la sensación de que el estado estaba disminuyendo. Desde el ámbito de la seguridad privada, lo cierto es se había producido en los últimos años un aumento descontrolado del sector, ofreciendo servicios que, en muchas ocasiones, no cumplían los mínimos estándares de calidad. Tampoco había una regulación al respecto, por lo que, estrictamente, las empresas no debían cumplir ningún requisito más allá del que les exigiera el propio mercado[54].

La Ley de 1992 responde a la necesidad de regular de manera unitaria el sector. Dotarlo de mayor profesionalidad y, por tanto, de reforzar la calidad de los servicios que se prestan. Pero lo que no queda tan claro, y es una duda que ya he apuntado más arriba, es que para alcanzar dicho objetivo fuera necesario una regulación tan intervencionista. Las principales beneficiadas por la Ley fueron las grandes empresas de seguridad privada que vieron incrementada su cuota de mercado. Mientras que muchas pequeñas y medianas empresas desaparecieron al no cumplir los nuevos requisitos regulados *ex novo.*

En esta línea de argumentación cable plantear si una regulación un poco más laxa, menos intervencionista hubiera cumplido el mismo objetivo. Al final, las grandes empresas, que además participaron en la elaboración de la Ley, salieron beneficiadas al endurecer férreamente los requisitos de acceso a un mercado en el que ellas ya estaban prestando sus servicios.

Dicha regulación se ha mantenido, como se verá, en la actual Ley de 2014. Las cosas no han cambiado, aunque, en mi opinión, quizás hubiera sido necesario una mayor flexibilidad en el acceso para refrescar, si se permite la expresión, un mercado que está un poco cerrado. Pero esto lo analizaré en los siguientes epígrafes.

---

[54] *Ibid.*, p. 58, "El contexto de inseguridad descrito con anterioridad provocó una demanda creciente de servicios de seguridad privada que se abastecían sin control debido a la ausencia de normas habilitadoras. Según datos del Ministerio del Interior, el número de empresas de seguridad existentes en 1986 era de 925, y casi se duplicó en 1991 pasando a 1.523. El número de vigilantes de seguridad pasó a más del doble, de 31.684 en1988 a 70.000, en sólo 5 años (1993). Durante este crecimiento exponencial, no todas las empresas crecían de forma seria y con profesionalidad, muchas de ellas aprovecharon la fuerte demanda de seguridad para ofrecer productos de baja calidad o servicios de vigilantes con insuficiente formación y preparación. Asimismo, proliferaron las empresas instaladoras de productos de seguridad que fabricaban e instalaban productos carentes de homologación y calidad".

3.6. LA ACTUAL LEY 5/2014, DE 4 DE ABRIL, DE SEGURIDAD PRIVADA

Y se llega así, después de este periplo regulatorio, a la actual Ley del 2014, cuya principal característica es que en poco cambia el régimen anterior. Ante esta circunstancia, cabe la siguiente pregunta: ¿Por qué, entonces, una nueva Ley?

Si se lee la Exposición de Motivos de la norma, todo tiende a hacer pensar que lo que se pretende es dotar a la seguridad privada de la mayoría de edad necesaria para cumplir adecuadamente su misión. Se habla, en efecto, de que el sector ha alcanzado la madurez suficiente en nuestro país. Pero, sin embargo, sigue subordinada a la seguridad pública y férreamente controlada por las administraciones públicas.

En efecto, hay determinados cambios en esta línea. Así, por ejemplo, se confiere al personal de seguridad la posibilidad de realizar controles de identidad, paquetería, vehículos, etc.; pueden perseguir a delincuentes en espacios públicos en relación con el objeto de su protección o de su actuación, siempre para la inmediata puesta a disposición de las Fuerzas y Cuerpos de Seguridad del Estado; se amplía el ámbito físico de actuación; se les dota de mayor protección jurídica, aunque siguen sin ser considerados agentes de la autoridad.

Pero poco más. El verdadero cambio, la verdadera evolución hubiera venido de la mano de una ampliación de las actividades que pueden llevar a cabo las empresas del sector, así como de una mayor autonomía en relación con la seguridad pública (no subordinación, sino coordinación y cooperación). No se ha producido ese cambio en la Ley de 2014.

Desde el punto de vista del desarrollo tecnológico, lo cierto es que, en efecto, la seguridad debe hacer frente a nuevos retos derivados del implacable desarrollo de las tecnologías de la información y el conocimiento. Ante el desarrollo del *big data*, de la inteligencia artificia (IA), la *hiperconectividad* y las ciudades inteligentes, etcétera, el sector privado tiene muchas soluciones que ofrecer en el ámbito de la seguridad y la Ley del 2014 no dota de las herramientas necesarias. Entiendo, por consiguiente, que es necesario un avance legislativo en este sentido.

Por consiguiente, respondiendo a la pregunta que me hacía en el primer párrafo de este epígrafe en relación con la necesidad de esta Ley, lo cierto es que cabe contestar que no era necesaria. O, al menos, no era necesaria con ese contenido. Una Ley más innovadora, que realmente hubiera dado respuesta a los retos tecnológicos y hubiera apoderado al sector privado hubiera sido mejor avenida. Queda, por tanto, tarea por delante.

3.7. SOBRE LA NECESIDAD DE UN NUEVO REGLAMENTO DE SEGURIDAD PRIVADA

Otras de las cuestiones que plantea problemas en relación con la nueva de LSP es que no ha sido desarrollada por un reglamento. Sigue vigente, en todo aquello que no se lo oponga, el RGSP de 1994.

Esta circunstancia genera inseguridad en el sector porque quedan sin regulación algunos aspectos del negocio que requieren de certeza normativa. Un ejemplo de ello es el de los ingenieros de seguridad, que reclaman un marco regulador adecuado en el que puedan ejercer sus funciones con total seguridad[55].

A la vista de las críticas que se hacen sobre el todavía proyecto normativo, me da la sensación de que son tantas las expectativas que se han puesto en la norma que está avocada, casi sin remedio, a morir de éxito. No es razonable, en mi opinión, que el proyecto de reglamento tenga 388 páginas, 251 artículos. Se trata de un exceso normativo que pone de manifiesto la concepción que se tiene en nuestro país de la seguridad privada. Todo, absolutamente, ha de estar regulado. Con una prolijidad y detalle que hacen prácticamente inasumible la labor.

Y en un sector tan unido al desarrollo digital, las innovaciones son muy rápidas, por lo que el legislador reglamentario, en este caso el Gobierno del Estado, no puede pretender, porque es imposible, incluir todas las posibles novedades en la norma. En el Congreso "Segurity Forum", celebrado en octubre de 2022, el ponente Manuel Yanguas, de la Policía Nacional, indicó que "aunque no habrá cambios radicales en el texto que ya se conoce

---

55 "Desde la Asociación Española de Empresas de Seguridad (AES) y la Asociación Española de Ingenieros de Seguridad (AEINSE), como asociaciones de referencia en sus respectivos campos y directamente afectadas por la regulación que la Ley de Seguridad Privada establece sobre la figura del ingeniero de seguridad como personal acreditado, abogamos porque el desarrollo reglamentario concrete el procedimiento de acreditación y la cualificación y formación necesarias que garanticen el adecuado ejercicio profesional que dicha norma exige a tal figura". *Seguritecnia*, N°. 440, 2017

del borrador de 2018, sí que hay más de 500 aportaciones al reglamento e informes de 13 ministerios"[56].

No es posible, repito, aprobar una norma jurídica que pretenda agotar la regulación de todos los aspectos del sector. Desde luego, debe adaptarse a la nueva Ley del 2014, que incluye algunas novedades respecto de la Ley anterior, pero una regulación tan vasta como la que se pretende no va a ser fácil y puede quedarse obsoleta en poco tiempo.

Por otro lado, tampoco se alcanza a comprender la necesidad de aprobar a toda costa y de manera inmediata un reglamento de desarrollo de la Ley. Lo cierto es que es conveniente, sin duda, pero no considero imprescindible una norma con ese rango. El sector ya está maduro en nuestro país. La imagen de los profesionales de la seguridad privada es buena, en líneas generales, y aunque siga habiendo determinadas lagunas o subsectores carentes de regulación, lo cierto es que, según entiendo, existen otros medios para ofrecer seguridad jurídica. Prueba de ello es que no existe una alarma social que exija esa norma más allá de lo que reclaman las propias empresas del sector.

---

56 Manuel Yanguas puso la nota positiva ante una de las cuestiones que más inquieta al sector: ¿veremos el reglamento de seguridad publicado en 2022?. Durante su intervención, explicó con detalle cuál ha sido el proceso seguido y por qué se está demorando, pero sí que se aventuró a decir que confían en que esté listo antes de 2013. «El nuevo reglamento está muy avanzado, se está trabajando en él. Hay interés político por parte del Gobierno para que salga adelante», aseguró.
Aunque no habrá cambios radicales en el texto que ya se conoce del borrador de 2018, sí que hay más de 500 aportaciones al reglamento e informes de 13 ministerios que tendrán que conjugarse para conformar el documento final, por lo que sí habrá detalles que cambien entre ambas versiones.
Este reglamento supondrá un impulso para la ley de seguridad privada, que permitirá que se desarrollen 106 preceptos o vacíos legales actuales, que según la Ley 5/2014, están pendientes de ser desarrollados por el reglamento. Este es uno de los aspectos que están ocupando más a todos los agentes implicados en el desarrollo del nuevo reglamento de seguridad privada para poder apoyar mejor al sector. Se puede ser su intervención completa, y la de otros ponentes en la mesa redonda, en https://plataformadenegocio.es/securityforum/congreso-security-forum-2022 (consultado por última vez en febrero de 2023)

3.8. CUESTIONES COMPETENCIALES DERIVADAS DE LA COMPLEJIDAD TERRITORIAL DEL ESTADO ESPAÑOL

Vivimos, como es de sobra conocido, en un Estado complejo. Las competencias tradicionalmente conferidas al Estado se distribuyen entre diferentes administraciones públicas territoriales con autonomía política. Así, las comunidades autónomas y las diferentes entidades locales entre las que cabe destacar los municipios tienen competencias, más o menos amplias, en diferentes sectores de actividad.

Voy a analizar a continuación la distribución de competencias en el ámbito de la seguridad privada, aunque, lógicamente, también habré de referirme a la seguridad pública pues, como ya se ha señalado, ambos conceptos forman parte de uno más amplio que es el de la seguridad.

Si acudimos a nuestra Norma Fundamental, donde se establece la distribución de competencias entre el Estado y las comunidades autónomas, lo cierto es que solo encontramos referencias a la seguridad, como concepto general, y a la seguridad pública, como algo más concreto. Ningún precepto de la Constitución se refiere a la seguridad privada como tal, ni para definirla ni para distribuir competencias. Ya se ha hecho referencia a ello más arriba.

En lo que a la seguridad pública se refiere, el artículo 149.1.29 de la CE establece que corresponde al Estado en exclusiva la "Seguridad pública, sin perjuicio de la posibilidad de creación de policías por las Comunidades Autónomas en la forma que se establezca en los respectivos Estatutos en el marco de lo que disponga una ley orgánica". Sobre seguridad pública hay, por tanto, una competencia compartida. También los municipios, como entidades locales, tienen reconocida competencia para crear policías locales (artículo 25.2.f) de la LRBRL) y, por tanto, para el mantenimiento del orden y de la seguridad pública[57].

---

57 Disposición adicional décima de la LRBRL establece, en relación con las Policías locales, que, En el marco de lo dispuesto en las Leyes Orgánicas 6/1985, de 1 de julio, del Poder Judicial; 2/1986, de 13 de marzo, de Fuerzas y Cuerpos de Seguridad; 1/1992, de 21 de febrero, sobre Protección de la Seguridad Ciudadana, y en las disposiciones legales reguladoras del régimen local, se potenciará la participación de los Cuerpos de policía local en el mantenimiento de la seguridad ciudadana, como policía de proximidad, así como en el ejercicio de las funciones de policía judicial, a cuyos efectos, por el Gobierno de la Nación, se promoverán las actuaciones necesarias para la elaboración de una norma que defina y concrete el ámbito material de dicha participación.

Respecto a la seguridad privada, las competencias se reparten entre el Estado y las comunidades autónomas. La propia LSP dedica dos artículos, el 12 y el 13, a distribuir las competencias entre la AGE y las CC.AA., respectivamente. El criterio de distribución es territorial, es decir, las CC.AA. tendrán reconocidas potestades de autorización, inspección, registro, etc., sobre empresas y actividades de seguridad privada que se realicen en el territorio de la comunidad autónoma, cuando hayan asumido dichas competencias en sus respectivos estatutos.

Esta cuestión fue debatida en la tramitación parlamentaria de la LSP y fue objeto de distintas enmiendas[58]. En este sentido, corresponden al Estado las competencias normativas sobre la materia, así como las potestades de control sobre las empresas de seguridad siempre y cuando las competencias no hayan sido asumidas por las comunidades autónomas. Asimismo, le corresponde las facultades de regulación y habilitación del personal de seguridad privada.

Por su parte, a las CC.AA. les corresponde la autorización e inspección de empresas de seguridad privada, siempre y cuando hayan asumido dichas competencias en sus respectivos estatutos de autonomía. No tienen competencia normativa en la materia, solo ejecutiva.

3.9. VALORACIÓN DEL SECTOR EN LA ACTUALIDAD

A la vista de todo lo anterior, cabe indicar que no parece que la regulación actual sea la más adecuada para permitir que el sector se desarrolle y crezca. Si tal como estimo, el futuro de la seguridad privada está en la utilización de las TIC para colaborar en la prevención de los delitos, la actual LSP y el borrador de RLSP no cumplen las expectativas.

En primer lugar, porque pienso que la limitación de las actividades que pueden realizar las empresas del sector es obsoleta. No se entiende que, finalizando el primer cuarto del siglo, la LSP tase las actividades que se pueden llevar a cabo por parte de estas empresas. Bien es cierto que en 1992 pudo tener sentido habida cuenta del contexto social en ese momento en relación con el terrorismo de ETA y la creación de grupos paramilitares auspiciados por el Gobierno para intentar acabar con ellos fuera del para-

---

58 GALLEGO RODRÍGUEZ, P. y MURILLO FERRER, R., (2014) "Competencias de la de la Administración General del Estado y de las comunidades autónomas. Coordinación y participación", en PALOMAR OLMEDA, A., *Comentarios a la Ley de Seguridad Privada*, Aranzadi.

guas del Estado de Derecho[59]. Pero hoy día nada justifica, en mi opinión, que se mantengan límites tan férreos a estas actividades. Que no se plantee seriamente la necesidad de facilitar a las empresas de seguridad privada la posibilidad de diversificar actividades y prestar servicios multidisciplinares de seguridad me parece un obstáculo que impide el adecuado desarrollo y la innovación tecnológica y en un ámbito clave para el futuro. El protagonismo de la seguridad privada es cada día mayor. Los poderes públicos deben estar a la altura de las circunstancias.

---

[59] Me refiero, en concreto, a los GAL y su vinculación a grupos paramilitares y de seguridad privada de la época. Los Grupos Antiterroristas de Liberación (GAL) fueron agrupaciones parapoliciales que practicaron lo que se ha denominado terrorismo de Estado o «guerra sucia» contra la organización terrorista (ETA) y su entorno. Estuvieron activos entre 1983 y 1987, durante los primeros años de los gobiernos de Felipe González. Durante el proceso judicial contra esta organización fue probado que estaba financiada por altos funcionarios del Ministerio del Interior. Aunque combatían a ETA y «los intereses franceses en Europa», a estos últimos por responsabilizar a Francia de «acoger y permitir actuar a los terroristas en su territorio impunemente», también realizaron acciones indiscriminadas debido a las cuales fallecieron ciudadanos franceses sin adscripción política conocida. Véase, Humanidades Digitales, HISMEDI, Transición a la Democracia, UC3M, "Atentados de los GAL (1983-1987). Historia de la banda terrorista española GAL", 2019. https://humanidadesdigitales.uc3m.es/s/hismedi/item/7798, Última consulta 9 de marzo de 2023.

4. El futuro: la digitalización como factor de transformación de la seguridad privada

4.1. INTRODUCCIÓN

Ya se ha hecho referencia a ello más arriba, y volveré en diferentes ocasiones sobre la misma idea, pues resulta clave en el presente trabajo: vivimos en un periodo de constantes innovaciones tecnológicas que nos exigen, de alguna manera, estar constantemente actualizados y "conectados".

La permanente vigilancia de todos nosotros como ciudadanos/consumidores es algo generalmente aceptado. Y eso es bueno, entiendo, pues al conocer dicha vigilancia, podemos poner remedio, en la medida de nuestras posibilidades, frente a posibles abusos. En este sentido, pienso que los ciudadanos son cada vez más conscientes de sus derechos en el ámbito de la intimidad o "privacidad", por lo que, en principio, serán más cuidadosos a la hora de exponerse en el entorno digital[60].

En definitiva, lo digital ha venido para quedarse. Ha transformado todos los ámbitos de nuestra vida y todos los sectores económicos. Por lo que, entiendo, bien merece una reflexión y un análisis pormenorizado de todas las posibles consecuencias.

Desde el punto de vista de la seguridad privada son numerosos los estudios que se han realizado, esencialmente desde el punto de vista del derecho penal. Muchos han sido y serán mencionados a lo largo de este trabajo. Pero queda, quizás, un análisis general de cómo quedará este sector después de los importantes cambios que se presentan. Cambios, desde luego, tecnológicos. Pero también cambios normativos, impulsados, en muchas ocasiones, por instituciones supranacionales, como la UE.

---

60 No todo el mundo piensa así. En concreto, ZUBOFF, S., *El capitalismo de la vigilancia*, Paidós, 2021, p. 113, considera, por el contrario, que "esto no nos cause asombro ya a estas alturas, o que incluso lo encontremos digno de admiración, es toda una prueba del profundo entumecimiento psíquico al que nos ha habituado tan audaz e inaudito cambio en los métodos capitalistas".

Entiendo, por otro lado, que la mejor manera de acercarse a este panorama es analizando el impacto que sobre este sector económico van a tener las diferentes tecnologías individualmente consideradas. Soy consciente de que el desarrollo tecnológico es un todo y que muchas de las tecnologías que se analicen son el punto de partida de otras que comienzan a desarrollarse. Así, cuando hablo de las tecnologías de la información aplicadas a la seguridad privada, en realidad me refiero a una visión holística, algo distinto a la suma de cada una de las tecnologías individualmente consideradas. Pero desde un punto de vista expositivo, considero más adecuado analizar las diferentes tecnologías involucradas en el cambio. Estudiar el impacto que cada una de ellas pueda tener en la seguridad privada, sin perjuicio, repito, de la innegable relación entre unas y otras.

Algunas de ellas ya llevan tiempo con nosotros, como la videovigilancia y la utilización de drones. En estos casos, el Estado ya ha tenido ocasión de posicionarse respecto a las mismas, con mayor o menor acierto. A ellas dedicaré un análisis más exhaustivo en diferentes epígrafes.

Otras, por el contrario, son tecnologías, más o menos desarrolladas, pero llamadas a generar una disrupción en el sector. No es seguro que esa rotura se produzca, pero tienen potencial para ello, por lo que se analizan aquí desde una perspectiva más general.

Dentro de estas, por su importancia para la seguridad, dedico un epígrafe específico a la inteligencia artificial. Las implicaciones que el uso de esta tecnología pude tener son enormes, como pone de manifiesto las propuestas de regulación desde la Unión Europea, por lo que he querido dedicar un apartado específico, más detallado.

4.2. EL APARENTE CONFLICTO ENTRE SEGURIDAD Y LIBERTAD

Cuando hablamos de conflicto entre seguridad y libertad nos referimos al posible enfrentamiento entre dos derechos fundamentales reconocidos en las más importantes cartas internacionales de derechos fundamentales y, también, en nuestra Norma Fundamental. Hablo de aparente enfrentamiento porque, como intentaré defender en las siguientes líneas, no lo es tal. Al contrario, más bien, pues ambos derechos se complementan de manera que no se puede dar uno sin el otro. Es decir, no se puede desarrollar adecuadamente la libertad en un ambiente de inseguridad ni, por supuesto, podemos hablar de seguridad en un Estado Democrático de Derecho sin el reconocimiento de las más mínimas libertades del ser humano[61].

Así, la Carta de Derechos Fundamentales de la Unión Europea reconoce ambos derechos en el mismo precepto, el artículo 6, que reza: "Toda persona tiene derecho a la libertad y a la seguridad".

También la CE se refiere a la seguridad como derecho fundamental de los de más alto rango (art. 17), y reconoce otros derechos y libertades que son imprescindibles en un Estado Democrático. Esencialmente, y en lo que aquí ahora interesa, los que vienen reconocidos en el artículo 18 y que tiene que ver con la intimidad, el derecho al honor, a la propia imagen, secreto de las comunicaciones, inviolabilidad del domicilio y protección de datos. Derechos todos que tiene su vertiente digital reconocida en la Carta de Derechos Digitales (CDD), documento que no tiene valor normativo pero que describe y desarrolla la dimensión digital de los derechos fundamentales, sin perjuicio de los que ya están reconocidos en la propia LOPDgdd.

No se trata de nuevos derechos, sino de la adaptación de estos a una sociedad digital en constante transformación.

Las amenazas a la seguridad también evolucionan. Desde luego siempre acechan los riesgos de atentados terroristas, homicidios, delitos contra el patrimonio, ocupaciones ilegítimas y usurpaciones, y un largo elenco de delitos que ponen en riesgo la seguridad de la sociedad. Pero desde hace

---

61 PIÑAR MAÑAS, J. L., (2009), "Seguridad, transparencia y protección de datos: el futuro de un necesario e incierto equilibrio", *Fundación Alternativas*, Documento de trabajo 147/2009, "Pero la protección de datos está sometida a innumerables retos1, entre los que Podemos destacar los siguientes: protección de datos frente a: a) libertad de expresión; b) transparencia y acceso a la información; c) intereses y evolución del mercado; d) garantía de la seguridad ciudadana y lucha contra el terrorismo; e) proceso de globalización e inexistencia de instrumentos (no sólo normativos) que permitan garantizar la eficacia del derecho frente a ataques que no saben de límites fronterizos y que provienen en innumerables ocasiones de países carentes en absoluto de un marco jurídico de protección de la privacidad y en los que, por tanto, es imposible intentar siquiera poner en marcha mecanismos eficaces de reacción y tutela.
Al analizar estos retos ha de partirse de una premisa común a todos ellos: no existe en absoluto una contradicción entre tales derechos o situaciones (libertad de expresión, transparencia, seguridad…) y la protección de datos. Más bien al contrario: sólo respetando el derecho fundamental de todos a la protección de datos personales se conseguirá un marco adecuado de respeto a la libertad de expresión y al derecho de acceso a la información; un correcto desarrollo del mercado y una eficaz lucha contra el terrorismo."

algunos años, precisamente con el desarrollo de las tecnologías digitales, han aparecido otros riesgos a los que se debe atender. Riesgos que tienen que ver con un tipo de derechos muy relacionados con nuestra esfera más privada, con la dignidad y el desarrollo de la personalidad[62].

Me refiero, como se habrá podido adivinar fácilmente, al derecho a la intimidad, propia imagen, al honor, secreto de las comunicaciones, inviolabilidad del domicilio y protección de datos, y otros relacionados como el derecho al olvido digital, a la desconexión, etc., a los que se ha atendido con la Carta de Derechos Digitales ya mencionada o con la LOPD en su vertiente de garantía de derechos digitales

No podemos, a la vista de estos retos, sacrificar uno de los derechos a favor de otros. Pese a que la percepción de la ciudadanía, en ocasiones, tienda a dar más importancia a la seguridad, no se deben obviar el resto de los derechos y libertades. Es necesario, por tanto, un justo y adecuado equilibrio, es decir, una ponderación de todos los derechos y libertades en juego. Ese equilibrio, es necesario indicarlo, resulta en ocasiones muy frágil. Especialmente en determinadas circunstancias, cuando hay atentados terroristas o actos relacionados con la delincuencia organizada[63].

Pero no se puede perder la perspectiva, no se puede, en ningún caso, priorizar la seguridad frente a la libertad, ni lo contrario. En el caso de ponderaciones tan complicadas como esta, lo lógico será atender al caso concreto, a la casuística. No es posible, o al menos muy difícil, realizar juicios de valor apriorísticos que antepongan un derecho frente a otro. En ocasiones,

---

62 DE LA QUADRA-SALCEDO FERNÁNDEZ DEL CASTILLO, T., (2018), "Retos, riesgos y oportunidades de la sociedad digital", en DE LA QUADRA-SALCEDO FERNÁNDEZ DEL CASTILLO, T., y PIÑAR MAÑAS, J. L., (directores), BARRIO ANDRÉS. M. y TORREGROSA VÁZQUEZ, J. (coordinadores), *Sociedad Digital y Derecho*, Boletín Oficial del Estado, p. 43, "Sea como fuere la cuestión radica en cuáles son las garantías que han de aplicarse en la sociedad de la información. La legislación ha desarrollado muchos aspectos en relación con la intimidad y el domicilio, pero es preciso afrontar las cuestiones que tienen que ver con los ordenadores y los móviles que presentan problemas específicos en relación con las, por otra parte necesarias, medidas de seguridad frente al terrorismo o los ataques informáticos".

63 La sociedad suele estar dispuesta a sacrificar ciertas dosis de libertad a cambio de mayor seguridad. Así, tras los atentados terroristas como los de Nueva York, Madrid, Londres o Paris, entre, por desgracia, muchos otros que se han venido produciendo a lo largo del primer cuarto de siglo, muchos ciudadanos estarían dispuestos a que sus datos personales sean supervisados cuando toman un vuelo o cuando utilizan internet. Así lo ha puesto de manifiesto FAULL, J. (2008), "Intimidad y seguridad", en *Datospersonales.org*. Nº 35.

al regular determinados sectores, se puede incurrir en excesos que, posteriormente, habrá que corregir en vía judicial o mediante la aplicación de principios. Buena prueba de ello es, en mi opinión, el exceso cometido por el Real Decreto 933/2021, de 26 de octubre, por el que se establecen las obligaciones de registro documental e información de las personas físicas o jurídicas que ejercen actividades de hospedaje y alquiler de vehículos a motor. Esta norma, que autoriza el tratamiento de datos de personas físicas de manera indiscriminada y con una supuesta finalidad de seguridad no justificada, es contraria al derecho de la Unión Europea por vulneración del derecho fundamental a la protección de datos. Y, sin embargo, sigue vigente[64].

Es tentador erigir la seguridad como principal derecho fundamental con el argumento de se pueden evitar atentados terroristas u otras formas graves de delincuencia. Sobre todo, cuando las herramientas que se utilizan son invisibles para la ciudadanía. En este sentido, no se aprecia de la misma manera un cacheo o un control de acceso a un aeropuerto que la videovigilancia, rastreo de información en internet o las obligaciones de registro documental que tienen los establecimientos de alojamiento en España. La sensación de sacrificio de derechos fundamentales relacionados con la intimidad o privacidad es mucho mayor en el primer caso que en el segundo, pues en estos supuestos, muchas veces, ni siquiera nos enteraremos de que se ha sacrificado un derecho.

Por todo ello, frente a las cada vez más discretas técnicas de vigilancia y la utilización de avanzadas tecnologías, debemos acudir a los derechos que protegen nuestra esfera más íntima como ser humano. En concreto, aquellos que se contienen en el artículo 18 de nuestra CE y, en concreto, el derecho de protección de datos personales, al que me dedicaré específicamente en los siguientes epígrafes.

4.3. DESARROLLO TECNOLÓGICO: SEGURIDAD PÚBLICA Y SEGURIDAD PRIVADA

Por otra parte, aunque hablemos de la transformación digital de la seguridad privada en concreto, no se puede dejar de lado, como es lógico, el concepto más amplio de seguridad, en el que está incluido, como ya se vio en los primeros epígrafes de este trabajo, la seguridad pública. Como

64 He tenido ocasión de analizar esta norma en un reciente trabajo, CORRAL SASTRE, A., (2024), "Las obligaciones de registro documental e información sobre hospedaje y alquiler de vehículos a motor en España a la luz de la normativa europea sobre protección de datos, *REDE. Revista española de derecho europeo*, núm. 90.

es lógico, todos los avances tecnológicos podrán aplicarse al sector de la seguridad, independientemente de si es pública o privada.

Lo que merece, sin embargo, una atención especial es la normativa aplicable a cada uno de los ámbitos. Es decir, que normas se aplican, por ejemplo, al uso de dispositivos de videovigilancia por parte de las fuerzas y cuerpos de seguridad del Estado, y cuales al mismo uso por parte de detectives privados o profesionales de ese sector. No son las mismas normas, lo que justifica, por consiguiente, que se realice un análisis diferenciado.

No se debe olvidar que la seguridad pública monopoliza el uso de la fuerza y tiene asignadas las competencias de represión de los delitos. Las funciones de la seguridad privada, por su parte, están encaminadas, sobre todo, a la prevención. Ello puede justificar un tratamiento normativo diferente, aunque se utilicen las mismas tecnologías. Aunque esto puede generar alguna duda, en la medida en que las administraciones públicas, en el ejercicio de sus potestades, están sometidas a la misma normativa que los responsables y encargados de tratamiento del sector privado.

Además, como ya he señalado, la seguridad privada tiene restringidas las actividades que puede realizar según el artículo 5 de la LSP. Esto implica, es fácilmente comprensible, que el desarrollo tecnológico en este ámbito se vea claramente condicionado habida cuenta de que es complicado integrar los diferentes servicios que se pueden prestar a través de la digitalización. En este sentido, existe una tendencia hacia la integración[65] de servicios de seguridad privada que la regulación actual prevista en la LSP impide desplegar totalmente, lo que redunda en un sector menos competitivo frente al de otros países con una regulación más laxa.

En definitiva, como tendremos ocasión de ver más adelante, los avances tecnológicos se pueden aplicar al sector de la seguridad en su conjunto. Pero, en ocasiones, el régimen jurídico varía en función de si estamos ante profesionales de la seguridad pública o de la privada. La finalidad última es la seguridad, con la necesaria salvaguarda de los derechos fundamentales de los ciudadanos, a veces resulta complicado ver la necesidad de establecer regímenes jurídicos diferentes. Sobre todo, cuando en otros ámbitos no se justifica o, incluso, son más estrictos con las administraciones públicas que ejercen potestades.

---

65 BOSCH, J.L.C.; FARRAS. J., MARTÍN, M.; SABATÉ, J. y TORRENTE, D., (2004), "Estado, mercado y seguridad ciudadana. Análisis de la articulación entre la seguridad pública y privada en España", op. cit., p. 126, "El problema surge cuando, en contra de las tendencias a la integración de funciones, la regulación insiste en separar las funciones de seguridad de otras".

4.4. LA IMPORTANCIA DEL DERECHO FUNDAMENTAL A LA PROTECCIÓN DE DATOS PERSONALES COMO CLAVE DE BÓVEDA DE LA DIGITALIZACIÓN DE LA SEGURIDAD PRIVADA

La digitalización de las distintas esferas de la vida que se ha venido producido en los últimos años ha tenido un efecto enorme en las relaciones sociales. Con cierta frecuencia asistimos a hechos que ponen de manifiesto el cambio: ciberestafas, acoso digital, brechas de seguridad de grandes empresas en las que se ponen en riesgo ingentes cantidades de información muy delicada, ataques informáticos a instituciones u organismos públicos, etc[66].

La seguridad, por consiguiente, ya no se refiere solo a la integridad física y moral de los ciudadanos, sino que debe centrar su atención en otros ámbitos que se han visto afectados en los últimos años y que tienen que ver, cada vez más, con la vertiente digital de nuestra vida diaria. La seguridad analógica, si se me permite llamarla así, sigue siendo muy importante, qué duda cabe. Pero esa necesidad se ha visto incrementada en su versión digital.

Desde la perspectiva de los derechos fundamentales, en la medida en que gran parte de nuestra vida ha sido traducida a lenguaje binario[67], la protección también debe evolucionar. En este sentido, se ha convertido en algo especialmente relevante la información que sobre nosotros puede haber en el ciberespacio y el uso que se puede hacer de ella. Es importante, por un lado, saber qué información me puede identificar y, por otro, quien puede usarla y en qué circunstancias. En definitiva, dotar a los ciudadanos de un poder de autodeterminación informativa[68] sobre sus datos personales. Como señalaba de forma certera el profesor PIÑAR MAÑAS, refiriéndose a la sentencia de 15 de diciembre del Tribunal Constitucional Alemán sobre el censo:

> "En la clave de bóveda del ordenamiento de la Ley Fundamental, dice el Tribunal, se encuentra la dignidad de la persona, que actúa con libre auto-

---

66 FUERTES, M., (2022), *Metamorfosis del Estado. Maremoto digital y ciberseguridad*, op. cit. Pone de manifiesto los nuevos retos a la seguridad

67 De momento, porque como se verá más adelante, la computación cuántica, que en la actualidad está muy avanzada, ya no se basa en los clásicos *bits*, es decir, ceros o unos, sino en *cubits*, que pueden adoptar diferentes formas a la vez y, por tanto, dar lugar a nuevos algoritmos.

68 LUCAS MURILLO DE LA CUEVA, P., y PIÑAR MAÑAS, J. L., (2009), "El derecho a la autodeterminación informativa", *Fundación Coloquio Jurídico Europeo.*

> determinación como miembro de una sociedad libre. El derecho general de la personalidad abarca la facultad del individuo, derivada de la autodeterminación, de decidir básicamente por sí mismo cuándo y dentro de qué límites procede revelar situaciones referentes a la propia vida, protegiéndole contra la recogida, el almacenamiento, la utilización y la transmisión ilimitada de los datos concernientes a la persona. Se garantiza así la facultad del individuo de decidir básicamente por sí sólo sobre la difusión y utilización de sus datos personales. El tratamiento automatizado de datos ha incrementado en una medida hasta ahora desconocida las posibilidades de incidir sobre la conducta del individuo. El que no pueda percibir con seguridad suficiente qué informaciones relativas a su persona son conocidas en determinados sectores de su entorno social y no pueda saber en consecuencia qué se sabe de él, puede coartar substancialmente su libertad de planificar o decidir. Por ejemplo, quien sepa de antemano que su participación en una reunión o iniciativa ciudadana vara ser registrada por las autoridades y que podrán derivarse riesgos para él por este motivo renunciará presumiblemente a lo que supone un ejercicio de sus derechos fundamentales. De modo que un dato carente en sí mismo de interés puede cobrar un nuevo valor de referencia y, en esta medida, concluye el Tribunal, ya no existe, desde la perspectiva del tratamiento automatizado de datos, ninguno «sin interés»[69].

En este sentido, como ya se ha indicado, el derecho fundamental a la protección de datos se convierte en una herramienta esencial de los ciudadanos frente a posibles excesos de la digitalización. En un mundo en el que la información se ha convertido en el combustible esencial que mueve la economía, es imprescindible definir el derecho a la protección de datos para mantener intacta la dignidad del ser humano. Especialmente, cuando lo que se esgrime es el mantenimiento de la seguridad, que parece justificar cualquier forma de inmiscuirse en la privacidad de los ciudadanos.

4.4.1. Aproximación al contenido del derecho de protección de datos: los principios relativos al tratamiento y en control por autoridad independiente

La protección de datos se ha convertido, como ya se ha señalado más arriba, en un elemento clave para garantizar la dignidad del ser humano en un mundo hiperconectado y cada vez más tecnológico. Sobre todo, cuando se habla de mantener la seguridad de los ciudadanos, misión que puede implicar intentos de vulneración de este derecho fundamental en aras de una mayor protección de los ciudadanos frente a hipotéticos ataques más o menos susceptibles de concreción.

---

[69] Ibídem, págs. 89 y 90.

Se puede indicar que se trata de un derecho especialmente complejo. No es nuevo, como tendré ocasión de poner de manifiesto en el epígrafe siguiente. Y presenta una serie de características que le hace diferente del resto de derechos que gozan de los más altos estándares de protección constitucional. Veamos, a continuación, algunas de estas características que definen claramente su contenido. Me refiero, específicamente, a los principios relativos al tratamiento que viene recogidos en el artículo 5 del RGPD actualmente vigente[70]:

El derecho a la protección de datos personales implica que el tratamiento de datos que se haga debe basarse, bien en el consentimiento del interesado, bien en otra base legítima de las previstas en la norma. Por otro lado, la transparencia es esencial, es decir, el interesado debe conocer en todo momento las circunstancias del tratamiento, tanto si es él mismo quien

---

[70] Artículo 5
Principios relativos al tratamiento
1. Los datos personales serán:
a) tratados de manera lícita, leal y transparente en relación con el interesado («licitud, lealtad y transparencia»);
b) recogidos con fines determinados, explícitos y legítimos, y no serán tratados ulteriormente de manera incompatible con dichos fines; de acuerdo con el artículo 89, apartado 1, el tratamiento ulterior de los datos personales con fines de archivo en interés público, fines de investigación científica e histórica o fines estadísticos no se considerará incompatible con los fines iniciales («limitación de la finalidad»);
c) adecuados, pertinentes y limitados a lo necesario en relación con los fines para los que son tratados («minimización de datos»);
d) exactos y, si fuera necesario, actualizados; se adoptarán todas las medidas razonables para que se supriman o rectifiquen sin dilación los datos personales que sean inexactos con respecto a los fines para los que se tratan («exactitud»);
e) mantenidos de forma que se permita la identificación de los interesados durante no más tiempo del necesario para los fines del tratamiento de los datos personales; los datos personales podrán conservarse durante períodos más largos siempre que se traten exclusivamente con fines de archivo en interés público, fines de investigación científica o histórica o fines estadísticos, de conformidad con el artículo 89, apartado 1, sin perjuicio de la aplicación de las medidas técnicas y organizativas apropiadas que impone el presente Reglamento a fin de proteger los derechos y libertades del interesado («limitación del plazo de conservación»);
f) tratados de tal manera que se garantice una seguridad adecuada de los datos personales, incluida la protección contra el tratamiento no autorizado o ilícito y contra su pérdida, destrucción o daño accidental, mediante la aplicación de medidas técnicas u organizativas apropiadas («integridad y confidencialidad»).
2. El responsable del tratamiento será responsable del cumplimiento de lo dispuesto en el apartado 1 y capaz de demostrarlo («responsabilidad proactiva»).

cede los datos, como si el responsable los obtiene legítimamente de otra fuente distinta del interesado. Resulta imprescindible, asimismo, el respeto a la finalidad del tratamiento para el que los datos fueron recopilados u obtenidos, de manera que el tratamiento ulterior no sea incompatible aquella finalidad.

El tratamiento de datos debe respetar, además, el principio de minimización, es decir, que los datos que se traten por el responsable o en su caso el encargado deben ser los mínimos imprescindibles. Sin que sufran alteración alguna, manteniendo su calidad y exactitud. De la misma manera, se debe velar por la seguridad e integridad de la información, sin que se produzcan pérdidas, tratamientos no autorizados, daños o destrucción de estos.

Para ello, los responsables y encargados de tratamiento deberán adoptar en todo momento las medidas técnicas y organizativas adecuadas para garantizar el respeto al derecho a la protección de datos. Este principio ha cristalizado en la normativa con la denominación de principio de responsabilidad proactiva, de origen anglosajón, y que supuso un importante cambio respecto a la manera tradicional de entender el régimen de protección de datos establecido en la normativa anterior. Sobre todo porque, tal y como establece el artículo 24 del RGPD, no es suficiente con que los responsables y encargados de tratamiento garanticen el cumplimiento de la normativa de protección de datos, sino que, además, deben ser capaces de demostrarlo.

Otro de los contenidos esenciales del derecho al que me estoy refriendo tiene que ver con la necesidad de que exista una autoridad de control independiente que garantice una protección adecuada. A ello se refiere, expresamente, el apartado 3 del artículo 8 del CDFUE. Esta autoridad, por tanto, resulta imprescindible para que el derecho fundamental a la protección de datos se considere suficientemente garantizado[71]. En el caso español, esta misión se ha encomendado a la AEPD, a nivel estatal, y a las agencias autonómicas actualmente existentes a nivel autonómico[72]: Autori-

---

71 Ene este sentido, LUCAS MURILLO DE LA CUEVA, P., y PIÑAR MAÑAS, J. L., (2009), "El derecho a la autodeterminación informativa", op. cit., pág. 106, "En definitiva, pues, el principio de tutela del derecho a través de una autoridad independiente se ha constituido ya como verdadero principio del derecho a la protección de datos".

72 Las autoridades autonómicas tienen competencias en el tratamiento de datos que se haga desde el sector público autonómico o las entidades locales de su ámbito territorial. En este sentido, el artículo 57 de la LOPDygdd establece lo siguiente:

dad Catalana de Protección de Datos[73], Autoridad Vasca de Protección de Datos[74] y el Consejo Andaluz de Transparencia y Protección de Datos[75]. A nivel europeo, el CEPD está formado por el director de una autoridad de control del cada Estado miembro y por el SEPD, pero sus funciones son de asesoramiento, examen o supervisión, de conformidad con lo previsto en el artículo 70 del RGPD.

4.4.2. Breve referencia a la evolución del derecho fundamental a la protección de datos hasta su configuración actual en el RGPD

Puede parecer un derecho fundamental de reciente aparición, pero, muy al contrario, desde mediados del siglo pasado ya empezó a aparecer cierta preocupación por la utilización de información y datos de los ciudadanos.

Los orígenes de este derecho se remontan, según algunos autores, a 1888, año en el que Thomas Cooley habla del "derecho a ser dejado solo" o el "derecho a que me dejen en paz". De la misma manera, en 1890, Samuel Warren y Louis Brandeis publican en la *Harvard Law Review* su famoso artículo "*The Right to Privacy*", cuya evolución posterior ha dado origen al actual derecho a la protección de datos[76].

Artículo 57. Autoridades autonómicas de protección de datos.
1. Las autoridades autonómicas de protección de datos personales podrán ejercer, las funciones y potestades establecidas en los artículos 57 y 58 del Reglamento (UE) 2016/679, de acuerdo con la normativa autonómica, cuando se refieran a:
a) Tratamientos de los que sean responsables las entidades integrantes del sector público de la correspondiente Comunidad Autónoma o de las Entidades Locales incluidas en su ámbito territorial o quienes presten servicios a través de cualquier forma de gestión directa o indirecta.
b) Tratamientos llevados a cabo por personas físicas o jurídicas para el ejercicio de las funciones públicas en materias que sean competencia de la correspondiente Administración Autonómica o Local.
c) Tratamientos que se encuentren expresamente previstos, en su caso, en los respectivos Estatutos de Autonomía.
2. Las autoridades autonómicas de protección de datos podrán dictar, en relación con los tratamientos sometidos a su competencia, circulares con el alcance y los efectos establecidos para la Agencia Española de Protección de Datos en el artículo 55 de esta ley orgánica.

[73] Ley 32/2010, del 1 de octubre, de la Autoridad Catalana de Protección de Datos

[74] Ley 16/2023, de 21 de diciembre, de la Autoridad Vasca de Protección de Datos.

[75] Ley 1/2014, de 24 de junio, de Transparencia Pública de Andalucía.

[76] PIÑAR MAÑAS, J. L., (2008), "¿Existe la privacidad?", CEU Ediciones, pág. 22 y ss.

La evolución desde esos orígenes a lo largo del siglo XX ha sido imparable y trepidante a ambos lados del Océano Atlántico. En Estados Unidos, el reconocimiento del derecho a la privacidad ha estado ligado más al derecho de daños derivado de las invasiones ilegítimas a la privacidad. En Europa, por su parte, se consolida, primero, como derecho a la intimidad para terminar en el derecho a la protección de datos tal y como hoy se delimita[77].

El derecho a la intimidad se ha incorporado a los grandes textos de reconocimiento de derechos a nivel internacional desde la Declaración Universal de los Derechos Humanos de 10 de diciembre de 1948 (artículo 12)[78], Convenio Europeo de Derechos Humanos de 4 de noviembre de 1950 (artículo 8), pero no es hasta 1967 cuando se empieza a relacionar con el avance de las tecnologías de la información y de la informática, momento en el que se crea, en el seno de Consejo de Europa, una Comisión Consultiva para estudiar las tecnologías de información y su potencial agresividad hacia los Derechos de las personas[79].

En esta línea, se suele citar la Ley de Protección de Datos del Estado alemán de Hesse, aprobada en 1970, como la primera de la historia aprobada en la materia[80]. Le siguieron en años posteriores Suecia, en 1973, Alemania, a finales de 1977, Ley Francesa de Informática, archivos y Libertades del 6 de enero de 1978, las leyes en Austria, Dinamarca y Noruega (todas ellas de 1978) y Luxemburgo, en 1979.

Ya en los años ochenta del siglo pasado, el Consejo de Europa dará un respaldo definitivo a la protección de la intimidad frente a la informática

---

77 Ibidem, pág. 23.

78 Artículo 11 de la Convención Americana de Derechos Humanos (Pacto de San José de Costa Rica), de 1966, el artículo 17 del Pacto Internacional de Derechos Civiles y Políticos de 19 de diciembre del mismo año 1966, el artículo 8 del Convenio Europeo de Derechos Humanos de 4 de noviembre de 1950 son ejemplo de ello. Como lo es la Carta de los Derechos Fundamentales de la Unión Europea suscrita en Niza el 7 de diciembre de 2000.

79 Fruto de dicha Comisión se aprueba la Resolución 509 de la Asamblea del Consejo Europa sobre "los Derechos humanos y los nuevos logros científicos y técnicos", que respondía a una inquietud existente ya en toda Europa.

80 Tal y como se ha señalado por Korff D. y Georges M. (2019), en "El Manual del DPD. Guía para los Delegados de Protección de Datos en los sectores públicos y semi-públicos sobre cómo garantizar el cumplimiento del Reglamento General de Protección de Datos de la Unión Europea", aprobado por la *Comisión Europea* en julio de 2019, pág. 12, "el título era en realidad un nombre inapropiado, ya que [la Ley] no protegía los datos, sino los derechos de las personas cuyos datos se estaban manejando"

mediante el Convenio nº 108 para la Protección de las Personas con respecto al tratamiento automatizado de los datos de carácter personal (1981), en el que se establecen los principios y Derechos que cualquier legislación estatal debe recoger a la hora de proteger los datos de carácter personal[81].

En España se sigue esta misma línea y la Constitución de 1978 reconoce en su artículo 18.4 la preocupación por el uso de las tecnologías informáticas, pues considera que pueden ponerse en riesgo derechos como la intimidad, el honor o la propia imagen de los ciudadanos. Pero no es hasta las dos famosas sentencias del Tribunal Constitucional, la 290/2000 y la 292/2000, ambas de 30 de noviembre[82], que podemos hablar realmente de una incorporación del derecho a la protección de datos a nuestro ordenamiento jurídico. En concreto, un derecho a la autodeterminación informativa, desarrollado en el Fundamento Jurídico 7 de la segunda de las dos sentencias mencionadas[83].

---

81 LUCAS MURILLO DE LA CUEVA, P., y PIÑAR MAÑAS, J. L., (2009), "El derecho a la autodeterminación informativa", op. cit., pág. 87

82 La jurisprudencia del Tribunal Constitucional ya había avanzado en este reconocimiento en algunas sentencias. Así en las siguientes: 110/84, 254/93, 143/94, 94/98, 11/98, 144/99 y 202/99. En particular, la STC 254/1993 señala que la Constitución de 1978 ha incorporado el «Derecho a la libertad frente a las potenciales agresiones a la dignidad y a la libertad de la persona proveniente de un uso ilegítimo del tratamiento automatizado de datos». Añade que no es posible aceptar que «el Derecho fundamental a la intimidad agota su contenido en facultades puramente negativas, de exclusión. Las facultades precisas para conocer la existencia, los fines y los responsables de los ficheros automatizados... son absolutamente necesarias para que los intereses protegidos por el artículo de la Constitución, y que dan vida al Derecho fundamental a la intimidad, resulten real y efectivamente protegidos»

83 "De todo lo dicho resulta que el contenido del derecho fundamental a la protección de datos consiste en un poder de disposición y de control sobre los datos personales que faculta a la persona para decidir cuáles de esos datos proporcionar a un tercero, sea el Estado o un particular, o cuáles puede este tercero recabar, y que también permite al individuo saber quién posee esos datos personales y para qué, pudiendo oponerse a esa posesión o uso. Estos poderes de disposición y control sobre los datos personales, que constituyen parte del contenido del derecho fundamental a la protección de datos se concretan jurídicamente en la facultad de consentir la recogida, la obtención y el acceso a los datos personales, su posterior almacenamiento y tratamiento, así como su uso o usos posibles, por un tercero, sea el Estado o un particular. Y ese derecho a consentir el conocimiento y el tratamiento, informático o no, de los datos personales, requiere como complementos indispensables, por un lado, la facultad de saber en todo momento quién dispone de esos datos personales y a qué uso los está sometiendo, y, por otro lado, el poder oponerse a esa posesión y usos.

En este contexto, la UE aprueba la Directiva 95/46/CE del Parlamento Europeo y del Consejo, de 24 de octubre de 1995, relativa a la protección de las personas físicas en lo que respecta al tratamiento de datos personales y a la libre circulación de estos datos. Esta norma creó, en su momento, un marco regulador destinado a establecer un equilibrio entre un nivel elevado de protección de la vida privada de las personas y la libre circulación de datos personales dentro de la Unión Europea (UE). Con ese objeto, la Directiva establecía límites estrictos para la recogida y utilización de los datos personales e instaba la creación, en cada Estado miembro, de un organismo nacional independiente encargado de la supervisión de cualquier actividad relacionada con el tratamiento de los datos personales, es decir, las autoridades de control.

La directiva, que no era directamente aplicable ni tenía eficacia directa, sino que requería de transposición normativa en los respectivos Estados miembros[84], cumplió adecuadamente sus objetivos, pero los avances tecnológicos de principios del siglo XXI hicieron al legislador europeo plantearse una reforma en profundidad del sistema, pues la norma se había quedado obsoleta y planteaba serios problemas en su aplicación. Sobre todo, en lo que se refería a la disparidad normativa en los diferentes Estados miembros, dando lugar a un sistema realmente muy heterogéneo, con distintas consecuencias en función del país donde se encontraba el responsable y encargado de tratamiento. Esta disparidad normativa era muy clara, por ejemplo, en el régimen sancionador, pues no en todos los Estados miembros se trataban igual la comisión de las mismas infracciones administrativas. Era necesario, por tanto, una reforma en profundidad del sistema europeo relativo a la protección de datos personales, lo que se llevó a efecto con la norma a la que me refiero en el apartado siguiente: el Reglamento General de Protección de Datos.

En fin, son elementos característicos de la definición constitucional del derecho fundamental a la protección de datos personales los derechos del afectado a consentir sobre la recogida y uso de sus datos personales y a saber de los mismos. Y resultan indispensables para hacer efectivo ese contenido el reconocimiento del derecho a ser informado de quién posee sus datos personales y con qué fin, y el derecho a poder oponerse a esa posesión y uso requiriendo a quien corresponda que ponga fin a la posesión y empleo de los datos. Es decir, exigiendo del titular del fichero que le informe de qué datos posee sobre su persona, accediendo a sus oportunos registros y asientos, y qué destino han tenido, lo que alcanza también a posibles cesionarios; y, en su caso, requerirle para que los rectifique o los cancele.

84 En nuestro país, la transposición se hizo a través de la Ley Orgánica 15/1999, de 13 de diciembre, de Protección de Datos de Carácter Personal.

4.4.3. Aprobación del Reglamento General de Protección de Datos

Como consecuencia de las disfuncionalidades en la aplicación de la Directiva 95/46/CE en territorio de la UE, que implicaba, en realidad, regímenes muy diversos, se plantea la necesidad de cambiar el sistema mediante la aprobación de una nueva norma. Así, se aprueba el Reglamento (UE) 2016/679 relativo a la protección de las personas físicas en lo que respecta al tratamiento de datos personales y a la libre circulación de estos datos, tras un proceso legislativo largo y repleto de obstáculos.

Como ya he apuntado más arriba, el RGPD supone un giro muy importante en la regulación de la materia. En primer lugar, por el tipo de norma que se utiliza. El reglamento, como instrumento legislativo directamente aplicable sin necesidad de transposición alguna por parte de los Estados miembros, unifica el sistema en todos los países en los que resulta de aplicación. No obstante, el propio RGPD deja un margen, más o menos amplio, a los Estados para que completen y adapten la regulación a sus ordenamientos internos.

Por otro lado, los principios relativos al tratamiento de datos personales se mantienen, aunque se incorpora un principio, el de responsabilidad proactiva, que tiene importantes implicaciones para los responsables y encargados de tratamiento.

Tal y como se ha señalado más arriba, implica la necesidad de adoptar medidas técnicas y organizativas adecuadas no solo para garantizar que se cumplen las obligaciones del RGPD, sino también que se puede probar que se cumplen. Esta previsión ha supuesto un cambio enorme respecto al régimen anterior en el que los responsables y encargados de tratamiento simplemente debían someterse a las directrices establecidas en la norma.

La aprobación del RGPD cambia el paradigma, la norma ya no detallas las obligaciones que cada responsable y encargado debe cumplir, sino que se deja a estos el análisis de cada tratamiento y las necesidades para garantizar el cumplimiento.

En palabras de PIÑAR MAÑAS, el cambio que supuso la aprobación del RGPD se puede condensar en la siguiente frase: "Un nuevo modelo que podemos decir que pasa de la gestión de los datos al uso responsable de la información"[85].

---

85 PIÑAR MAÑAS, J. L., (2016), "Introducción hacia un nuevo modelo europeo de protección de datos", en PIÑAR MAÑAS, J. L., (dir.), (2016), Reglamento general

Por otro lado, hubo también cambios importantes en otras materias. Sin ser demasiado exhaustivo podemos citar, por ejemplo: la necesidad de que el consentimiento, como base legítima del tratamiento, deba ser expresa, sin que quepa el consentimiento tácito. También supone una novedad la obligación de llevar un registro de actividades de tratamiento, el reconocimiento del principio de privacidad en el diseño y privacidad por defecto, al que luego me referiré más específicamente, el régimen sancionador, que implica importantes cambios desde la perspectiva del derecho interno español, la creación del CEPD y los procedimientos transfronterizos, que supone la intervención de autoridades de control de distintos Estados miembros, bien como autoridad de control principal, bien como autoridad de control interesada.

Se reconocieron a los titulares de los datos, igualmente, otros derechos a los ya existentes, como el de cancelación (derecho al olvido) o el de portabilidad. De la misma manera, se creó la figura del Delegado de Protección de Datos (DPD), obligatoria para aquellos responsables o encargados de tratamiento que cumplieran determinadas circunstancias.

En definitiva, se trata de un cambio esencial en el sistema de protección del derecho fundamental a la protección de datos cuyo balance, tras varios años de aplicación, entiendo que es positivo por varias razones que paso a desarrollar sin ánimo exhaustivo:

— Supuso traer a primera línea del debate público esta materia, hasta entonces, relativamente desconocida. Lo cierto es que como consecuencia de la necesidad de otorgar el consentimiento expreso y claramente afirmativo en los tratamientos de datos cuyo título de legitimación era el consentimiento (hasta entonces se permitía el tácito), se inició una campaña masiva por parte de grandes empresas para obtener dicho consentimiento expreso.

— Hubo campañas de publicidad institucional explicando todo el proceso, lo que aumentó la concienciación ciudadana sobre la existencia de este derecho fundamental y necesidad de proteger adecuadamente los datos personales.

— Como consecuencia del incremento de las sanciones económicas (multas administrativas), las empresas también tomaron conciencia sobre la necesidad de adaptar sus organizaciones y procesos in-

---

de protección de datos: hacia un nuevo modelo europeo de privacidad, op. cit., pág. 16

ternos a la normativa de protección de datos. En la misma línea, aunque en distinta medida, las administraciones públicas también iniciaron sus particulares procesos de adaptación.

4.4.4. El régimen especial referido a los tratamientos de datos efectuados por parte de las autoridades competentes con fines de fines de prevención, investigación, detección o enjuiciamiento de infracciones penales o de ejecución de sanciones penales

Otra novedad del régimen establecido en el RGPD tiene que ver con la exclusión de su ámbito de aplicación material de los tratamientos de datos efectuados por parte de autoridades competentes con fines de prevención, investigación, detección o enjuiciamiento de infracciones penales o de ejecución de sanciones penales en los términos establecidos en el artículo 2.2.d) del propio RGPD[86].

Remite el propio RGPD, en su Considerando 19, a la Directiva (UE) 2016/680 del Parlamento Europeo y del Consejo, de 27 de abril de 2016, relativa a la protección de las personas físicas en lo que respecta al tratamiento de datos personales por parte de las autoridades competentes para fines de prevención, investigación, detección o enjuiciamiento de infracciones penales o de ejecución de sanciones penales, y a la libre circulación de dichos datos y por la que se deroga la Decisión Marco 2008/977/JAI del Consejo[87].

---

[86] 1. El presente Reglamento se aplica al tratamiento total o parcialmente automatizado de datos personales, así como al tratamiento no automatizado de datos personales contenidos o destinados a ser incluidos en un fichero.
2. El presente Reglamento no se aplica al tratamiento de datos personales:
a) en el ejercicio de una actividad no comprendida en el ámbito de aplicación del Derecho de la Unión;
b) por parte de los Estados miembros cuando lleven a cabo actividades comprendidas en el ámbito de aplicación del capítulo 2 del título V del TUE;
c) efectuado por una persona física en el ejercicio de actividades exclusivamente personales o domésticas;
d) por parte de las autoridades competentes con fines de prevención, investigación, detección o enjuiciamiento de infracciones penales, o de ejecución de sanciones penales, incluida la de protección frente a amenazas a la seguridad pública y su prevención.

[87] ESTÉVEZ MENDOZA, L., (2019), "Protección de datos personales en las investigaciones penales en la Unión Europea: interacción entre la Directiva (UE) 2016/680 y el Reglamento Europol", *Unión Europea Aranzadi*, núm. 1.

La circunstancia de que esta materia se regule en una Directiva en vez de un Reglamento pone de manifiesto la resistencia de los Estados miembros a dejar en manos de la UE una materia, la seguridad, que se considera especialmente sensible y afecta de lleno a la soberanía del país[88]. Esto implica que lo que pretende la UE no es alcanzar una equivalencia en las regulaciones, sino una simple armonización.

Parece que la justificación de este régimen *ad hoc* para esta materia se encuentran, según establece el Considerando 10 de la propia Directiva en "la naturaleza específica de dichos ámbitos"[89] de aplicación, es decir, por tratarse de la prevención, investigación, detección o enjuiciamiento de infracciones penales o de ejecución de sanciones penales. Pero no se especifican las razones y detalles, como si esto debiera ser lo normal, ni se motivan las razones por las que se establece una norma de estas características, más laxa y permisiva que el RGPD.

Debemos acudir, para intentar buscar alguna motivación, al Tratado de Prüm[90], que tiene como finalidad intensificar y acelerar el intercambio de

---

88 El artículo 288 del Tratado de Funcionamiento de la Unión Europea se refiere a las diferencias entre estos tipos de norma de la siguiente manera:
Para ejercer las competencias de la Unión, las instituciones adoptarán reglamentos, directivas, decisiones, recomendaciones y dictámenes.
El reglamento tendrá un alcance general. Será obligatorio en todos sus elementos y directamente aplicable en cada Estado miembro.
La directiva obligará al Estado miembro destinatario en cuanto al resultado que deba conseguirse, dejando, sin embargo, a las autoridades nacionales la elección de la forma y de los medios

89 En la Declaración nº 21 relativa a la protección de datos de carácter personal en los ámbitos de la cooperación judicial en materia penal y de la cooperación policial, aneja al acta final de la Conferencia Intergubernamental que adoptó el Tratado de Lisboa, la Conferencia reconoció que podrían requerirse normas específicas sobre protección de datos personales y libre circulación de los mismos en los ámbitos de la cooperación judicial en materia penal y de la cooperación policial basada en el artículo 16 del TFUE, en razón de la naturaleza específica de dichos ámbitos.

90 El Tratado de Prüm es un Tratado de Derecho internacional, adoptado al margen de la Unión Europea, pero estrechamente relacionado con la UE en cuanto a su contenido. Tanto su adopción como la iniciativa de integrarlo en el marco de la UE presentan cierta similitud con lo ocurrido en el caso del denominado «acervo de Schengen». La Presidencia alemana inició el debate sobre la integración de Prüm en el ordenamiento jurídico de la UE durante la reunión informal de Ministros celebrada en Dresde los días 15 y 16 de enero de 2007. En la reunión se puso de relieve que la propuesta podía contar con un amplio apoyo. Durante el Consejo de Justicia y Asuntos de Interior del 15 de febrero de 2007 se acordó

información entre autoridades[91]. Es decir, como parece lógico, es la necesidad de intercambiar más información y más ágilmente lo que justifica un régimen jurídico específico, en aras de preservar la seguridad pública. No obstante, conviene señalar que este Tratado, que es el origen de la Directiva 2016/680, se firma en un momento histórico muy concreto, en un contexto social muy preocupado por los atentados terroristas de Madrid en 2004 y Londres en 2005.

Entiendo que, quizás, aunque parezca lógico y normal, a estas alturas, un régimen jurídico diferente en esta materia debería estar adecuadamente motivado por el legislador europeo en este caso. No exige menos, entiendo, una clara restricción del derecho fundamental a la protección de datos reconocido en la CDFUE[92].

Para terminar el epígrafe, como ya se ha indicado en otra ocasión, esta Directiva 2016/680, ha sido transpuesta al ordenamiento español por la Ley Orgánica 7/2021, de 26 de mayo, de protección de datos personales tratados para fines de prevención, detección, investigación y enjuiciamiento de infracciones penales y de ejecución de sanciones penales. A ella me refiero en otros epígrafes de este trabajo a los que ahora me remito.

---

integrar partes del Tratado de Prüm en el ordenamiento jurídico de la UE mediante una Decisión basada en el tercer pilar. Esto afecta a todos los aspectos relacionados con la cooperación judicial y policial en materia penal, a excepción de las disposiciones relativas a las intervenciones policiales transfronterizas en caso de peligro inminente (artículo 25 del Tratado) y las relativas a una cooperación previa petición (artículo 27 del Tratado).

91 Esto puede lograrse ofreciendo la posibilidad de comparar un perfil de ADN individual con los perfiles que pueden encontrarse en las bases de datos automatizadas en los Estados miembros. Se pueden establecer vínculos entre estos datos personales a través de puntos de contacto nacionales (que deberán establecerse). De la misma forma, se pueden intercambiar datos dactiloscópicos o datos relativos a la matriculación de vehículos. Los puntos de contacto nacionales también se utilizarán en la lucha contra el terrorismo.

92 Para una visión general sobre la posibilidad de restringir derechos fundamentales y las diversas teorías aplicables en la materia, en orden, sobre todo, a justificar la restricción, véase RODRÍGUEZ FERNÁNDEZ, I., (2022), *Las restricciones sacrificiales de los derechos fundamentales*, Marcial Pons. Esta monografía se refiere al ámbito constitucional español, pero nada impide, en la medida que la interpretación de este derecho fundamental ha sido trasladado al ámbito de la UE, aplicarlo allí.

4.4.5. Sobre la posibilidad de aplicar la Directiva 2016/680 en el ámbito de la seguridad privada

No veo motivos por los que no se pueda plantear esta posibilidad, en la medida en que se cumplan ciertos requisitos por partes de las empresas y profesionales del sector. Intento, a continuación, explicar los motivos.

EL primero de todo, quizás el más importante, tiene que ver con que esta posibilidad está prevista en el propio RGPD. Así, el Considerando 19 al que ya me he referido más arriba, señala, en su parte final, lo siguiente:

> "Cuando el tratamiento de datos personales por organismos privados entre en el ámbito de aplicación del presente Reglamento, este debe disponer que los Estados miembros puedan, en condiciones específicas, limitar conforme a Derecho determinadas obligaciones y derechos siempre que dicha limitación sea una medida necesaria y proporcionada en una sociedad democrática para proteger intereses específicos importantes, entre ellos la seguridad pública y la prevención, la investigación, la detección y el enjuiciamiento de infracciones penales o la ejecución de sanciones penales, inclusive la protección frente a las amenazas contra la seguridad pública y su prevención. Esto se aplica, por ejemplo, en el marco de la lucha contra el blanqueo de capitales o de las actividades de los laboratorios de policía científica".

Es decir, en algunas circunstancias, según establece este Considerando, los derechos y obligaciones contenidos en el RGPD pueden ser limitados o flexibilizados para proteger otros intereses también necesitados de una adecuada protección. En este sentido, se señala la seguridad y, las empresas de seguridad privada, tal y como ya hemos indicado, tienen como misión, en colaboración y subordinadas a las fuerzas y cuerpos de seguridad del estado, esa misión. Además, desde una perspectiva esencialmente preventiva, que es mucho más eficaz y eficiente que la represiva.

Por tanto, no en bloque, desde luego, pero muchas de las consideraciones efectuadas en la Directiva 2016/680 y la Ley Orgánica 7/2021, se podrían aplicar, sin mayor problema, a las empresas y profesionales de la seguridad privada.

Por otro lado, ya se ha hablado en este trabajo de un concepto amplio de seguridad que incluye no solo la seguridad pública, sino también la privada. En esta línea de argumentación, teniendo en cuenta que, desde ambos sectores, público y privado, se persigue el mismo objetivo, no tiene sentido aplicar regímenes jurídicos dispares. Repito, no se defiende aquí la idea de aplicar toda la normativa específica a las empresas y profesionales del sector privado, pero sí plantear, al menos, ciertas excepciones que permitan a este sector económico ser más competitivo en el mercado.

Las mismas razones que justifican la aplicación de un régimen excepcional para el tratamiento de datos personales por parte de las autoridades competentes para fines de prevención, investigación, detección o enjuiciamiento de infracciones penales o de ejecución de sanciones penales, pueden esgrimirse cuando esta labor es realizada, no por autoridades, sino por empresas y profesionales del sector privado. Con todas las cautelas, bajo la supervisión de un Delegado de Protección de Datos (DPD) y fiscalizado, en todo caso, por la AEPD.

Sería necesario, igualmente, hacer adaptaciones en régimen jurídico de la seguridad privada en nuestro país (mejor a nivel europeo, como en este trabajo también se defiende), modificar la LSP existente o, incluso, aprobar una nueva. Sería conveniente, de la misma manera, reforzar la formación de los profesionales del sector en materia de protección de datos, pero nada impide, en mi opinión, llegar a esta conclusión.

4.5. INNOVACIÓN TECNOLÓGICA Y SEGURIDAD: APLICACIÓN DE LOS PRINCIPIOS DE PRIVACIDAD EN EL DISEÑO Y PRIVACIDAD POR DEFECTO

Como cualquier ámbito de la vida en sociedad, la innovación tecnológica implica un riesgo que debemos tener en cuenta. Pero la investigación es necesaria, precisamente, porque nos ayuda a avanzar como sociedad y a mitigar muchos de los posibles riesgos que diariamente asumimos.

En los últimos tiempos, como consecuencia, además, de avances tecnológicos, es cada vez más frecuente asistir a polémicas relacionadas con los riesgos que genera los avances y la investigación científica en tecnologías de la información y del conocimiento. En el momento de escribir estas líneas asisto a una de esas polémicas. En concreto, la petición que varios cientos de "personalidades" hacen, de manera pública, para pausar la investigación y el entrenamiento de Inteligencia Artificial: IA. Al menos durante 6 meses. En una carta publicada en la página web del *Future of life Institute*[93], se pone de manifiesto, entre otras cuestiones, el peligro que para la democracia supone el avance descontrolado de la investigación

---

93 El *Future of life Institute* es una organización sin ánimo de lucro financiada por una serie de particulares y organizaciones que pretenden reducir los riesgos extremos a gran escala de las tecnologías transformadoras para que puedan ser utilizados en beneficio de la vida.

en IA[94]. En concreto, lo que pone en duda la carta reseñada es el avance de una aplicación de IA, ChatGPT en su versión 4, es decir, ChatGPT4.

Esta aplicación está desarrollada por una empresa dedicada a la investigación sobre IA que pretende, según su página web, generar beneficios a toda la humanidad. Esta empresa está regida por una organización sin ánimo de lucro y, según indican, con un sistema de limitación de beneficios que aumenta la seguridad de que estos no sean utilizados con finalidades espurias, sino que beneficien al conjunto de la sociedad[95].

Dichas iniciativas son legítimas, desde luego. Pero he de decir que nos las comparto. Los avances científicos son necesarios y la sociedad, a través del Derecho, debe protegerlos. Así se hace a través del reconocimiento de determinadas libertades relacionadas con la investigación científica y técnica: art. 13 de la CDFUE o art. 21.1.b) de la CE.

La misión del Derecho es, en efecto, atajar los conflictos sociales, pero cuando estos verdaderamente han aparecido, no cuando son meras hipótesis de trabajo sin más fundamento que el legítimo temor a asumir ciertos riesgos. Así, la misión del Derecho, ahora, a diferencia de lo que plantea la mencionada carta[96], es observar[97]. Simplemente observar cómo se desarro-

---

94 La carta fue publicada el 22 de marzo de 2023 y puede leerse en el siguiente enlace (último acceso el 1º de mayo de 2024): https://futureoflife.org/open-letter/pause-giant-ai-experiments/

95 Esta información se ha obtenido de su propia página web https://openai.com. Consultada por última vez el 28 de abril de 2023.

96 "[...] *Therefore, we call on all AI labs to immediately pause for at least 6 months the training of AI systems more powerful than GPT-4. This pause should be public and verifiable, and include all key actors. If such a pause cannot be enacted quickly, governments should step in and institute a moratorium.*

[...]

In parallel, AI developers must work with policymakers to dramatically accelerate development of robust AI governance systems. These should at a minimum include: new and capable regulatory authorities dedicated to AI; oversight and tracking of highly capable AI systems and large pools of computational capability; provenance and watermarking systems to help distinguish real from synthetic and to track model leaks; a robust auditing and certification ecosystem; liability for AI-caused harm; robust public funding for technical AI safety research; and well-resourced institutions for coping with the dramatic economic and political disruptions (especially to democracy) that AI will cause."

97 VELASCO NÚÑEZ, E., (2020), "Investigación penal y protección de datos", *El Cronista del Estado Social y Democrático de Derecho,* Nº. 88-89, p. 136. "Los reguladores, los legisladores, primero observan el devenir de las industrias y sus consecuencias en la sociedad, y después ponen los límites al progreso que supone toda transformación, para ordenarlo".

llan los acontecimientos y prever los posibles riesgos, pero no frenar la investigación. Al menos no sin hacer una adecuada y motivada ponderación de los intereses en conflicto.

Una vez las tecnologías hayan sido implementadas y observados sus riesgos, se puede evitar concretarlos. Ahí es donde puede entrar en juego el Derecho para limitar, a través de sus diferentes herramientas, los posibles daños. O, en su caso, atribuir la responsabilidad a quien corresponda, si es que estos llegan a producirse.

Lo mismo ocurre con las innovaciones tecnológicas en materia de seguridad. Según estimo, no se debe evitar la investigación y el desarrollo[98]. Al contrario, es muy necesario para nuestra economía y sociedad. Pero una vez se compruebe que la aplicación puede vulnerar derechos fundamentales, será el momento de limitar (a través de normas o autorizaciones previas) su uso. No antes.

Y aquí, como ya se ha puesto de manifiesto en otro momento, están llamadas a jugar un papel esencial las empresas y profesionales de la seguridad privada. En la utilización de estas tecnologías para la prestación de los correspondientes servicios y el desarrollo de las actividades propias de la seguridad privada. Y ello a pesar de la desfasada limitación impuesta por el artículo 5 de la LSP actual.

El hecho de que el desarrollo y la innovación en tecnologías de la información y del conocimiento puedan llegar a poner en riesgo algunos derechos fundamentales como la intimidad, la propia imagen inviolabilidad del domicilio, protección de datos[99] u otros similares, no puede ser un obstáculo para fomentar esa innovación.

---

98 RUÍZ MATEOS, M., (2006), "La innovación tecnológica y la seguridad privada", *Staff empresarial*, 17 (93), El sector de la seguridad privada es un mercado en el que en los últimos quince años se han visto modificadas las tendencias de oferta y demanda de servicios. La investigación en el área de seguridad priva- da ha dado lugar a la instalación de nuevos dispositivos de protección, tales como videoporteros con objetivos que podemos orientar, sensores de presencia por infrarrojos, barreras de microondas, sistemas de identificación fotográfica o cámaras térmicas. Otra opción que ofrece la domótica es el control remoto de todos los elementos conectados a la red eléctrica para simular nuestra presencia en casa o en la oficina: por su parte, la biometría aplicada a la seguridad privada ha dado como resultado sistemas de identificación muy sofisticados. Todo para contrarrestar la astucia de los ladrones".

99 Sobre esta materia, véase, RECIO GAYO, M., (2016) *Protección de datos personales e innovación: ¿(In)compatibles?*, Reus

Ahora bien, el desarrollo científico de estas tecnologías debe tener presente, en todo momento, los derechos y libertades fundamentales. Hay instrumentos que permiten esto. Así, el RGPD estableció, en su artículo 25[100], dos mecanismos muy eficaces para mantener siempre en el foco de la innovación a la privacidad. Me refiero a la "privacidad en el diseño" y a la "privacidad por defecto". Esta es una manera adecuada de permitir el necesario desarrollo científico y tecnológico sin que se generen excesivos riesgos a los derechos fundamentales[101]. Se trata, en definitiva, de alcanzar las mayores cotas posibles de seguridad, con la máxima garantía de los derechos fundamentales y libertades públicas[102].

---

100 Artículo 25 del RGPD
Protección de datos desde el diseño y por defecto
1. Teniendo en cuenta el estado de la técnica, el coste de la aplicación y la naturaleza, ámbito, contexto y fines del tratamiento, así como los riesgos de diversa probabilidad y gravedad que entraña el tratamiento para los derechos y libertades de las personas físicas, el responsable del tratamiento aplicará, tanto en el momento de determinar los medios de tratamiento como en el momento del propio tratamiento, medidas técnicas y organizativas apropiadas, como la seudonimización, concebidas para aplicar de forma efectiva los principios de protección de datos, como la minimización de datos, e integrar las garantías necesarias en el tratamiento, a fin de cumplir los requisitos del presente Reglamento y proteger los derechos de los interesados.
2. El responsable del tratamiento aplicará las medidas técnicas y organizativas apropiadas con miras a garantizar que, por defecto, solo sean objeto de tratamiento los datos personales que sean necesarios para cada uno de los fines específicos del tratamiento. Esta obligación se aplicará a la cantidad de datos personales recogidos, a la extensión de su tratamiento, a su plazo de conservación y a su accesibilidad. Tales medidas garantizarán en particular que, por defecto, los datos personales no sean accesibles, sin la intervención de la persona, a un número indeterminado de personas físicas.
3. Podrá utilizarse un mecanismo de certificación aprobado con arreglo al artículo 42 como elemento que acredite el cumplimiento de las obligaciones establecidas en los apartados 1 y 2 del presente artículo.

101 Una visión certera del alcance de estos derechos podemos encontrarla en DUASO CALES, R., (2016), "Los principios de protección de datos desde el diseño y protección de datos por defecto", ÁLVAREZ CARO, M. y RECIO GAYO, M., (coords.); PIÑAR MAÑAS, J. L., (dir.), *Reglamento general de protección de datos: hacia un nuevo modelo europeo de privacidad*, Reus.

102 ALONSO, A., "Privacidad por diseño", *Seguritecnia*, N°. 491, 2021, p. 47., "En definitiva, la tecnología viene de nuevo a ayudarnos a desempeñar las tareas de vigilancia y protección mientras que se respetan los derechos de privacidad. Y todo ello desde el mismo diseño e implantación del sistema. Privacidad por diseño como se nos requiere desde la norma".

4.6. LA UTILIZACIÓN DE LAS TECNOLOGÍAS PARA AUMENTAR LA SEGURIDAD: LA IMPORTANCIA DE LAS EVALUACIONES DE IMPACTO

Pero hay que ser conscientes de que el aumento de las tecnologías para proporcionar seguridad tiene, también, una vertiente más cuestionable. La de asumir que para lograr esas altas cotas de seguridad debemos estar constantemente vigilados, permanentemente observados[103] por diferentes ojos que, muchas veces, ni siquiera sabemos dónde se encuentran[104]. O, incluso, porque somos nosotros mismos los que, voluntariamente, alimentamos esa información facilitando datos sobre nuestra vida a través de las distintas

---

103 SANTIAGO GÓMEZ, E. y RODRÍGUEZ RODRÍGUEZ, C., (2018), "Tecnologías de la vigilancia: una mirada hacia la violencia legítima del Estado en cuestiones de seguridad y control", *ENCRUCIJADAS. Revista Crítica de Ciencias Sociales,* Vol.16, p. 8., "En las sociedades occidentales actuales la seguridad y la vigilancia aparecen como un binomio indivisible en la prevención y la lucha contra el crimen que se sustenta en el despliegue de tecnologías capaces de monitorear de forma masiva el comportamiento de los ciudadanos. Las tecnologías de seguridad basadas en la vigilancia tienen el propósito de prevenir la actividad criminal a través de un constante monitoreo del comportamiento de las personas, transformando las amenazas percibidas en eventos predecibles mediante el intercambio de datos e información (Salter y Zureik, 2005). A pesar del marcado carácter de controversia que las tecnologías de seguridad suponen, hasta ahora han sido estudiadas desde ámbitos de conocimiento concreto y alejados de la realidad social en sí misma. Los "expertos de lo legal" han adaptado las estrategias de seguridad y los marcos legales para regular la correcta utilización de este tipo de dispositivos, al tiempo que los "expertos de lo tecnológico" han conseguido desarrollar e implementar tecnologías, capaces de una vigilancia casi completa, afines a dichos marcos legales. Desde las ciencias sociales, los estudios sobre la aceptabilidad social de las tecnologías de vigilancia se han venido apoyando tradicionalmente en un enfoque de compensación o compromiso (trade-off) en el que se considera que los ciudadanos renuncian a parte de su privacidad a cambio de más seguridad y, que del resultado de esta balanza dependerá su aceptación o rechazo de la tecnología en cuestión (Strikland y Hunt, 2005). Sin embargo, esta perspectiva no solo no permite analizar soluciones alternativas a la vigilancia en la resolución de problemas de seguridad, sino que además no refleja las percepciones ciudadanas y dificulta el entendimiento de las razones que se esconden detrás del rechazo hacia las tecnologías de vigilancia (Gaskell et al., 2004; Pavone y Degli Esposti, 2012)

104 GÓMEZ DE ÁGREDA, Á., (2019), *Mundo Orwell. Manual de supervivencia para un mundo hiperconectado,* Ariel, p. 14, "Ahí fuera hay miles de millones de cámaras que nos vigilan a diario. Casi todos llevamos un par de ellas en nuestro bolso o bolsillo. Una imagen captura un instante de nuestras vidas, un aspecto parcial. Miles de ellas terminan por delinear quienes somos".

redes sociales. Y el peligro reside, según explicaré más adelante, no solo en estar vigilados, sino en la utilización que los Estados o las grandes empresas tecnológicas pueden hacer de esa información. Me refiero, sobre todo, a la elaboración de perfiles, es decir, la catalogación, por ejemplo, como "buen-mal pagador", "buen-mal consumidor" o, peor incluso, "buen-mal ciudadano".

Llegamos así a lo que BYUNG-CHUL (2013)[105], ha denominado certeramente como "la sociedad de la transparencia", un panóptico digital en el que estamos constantemente vigilados.

La pregunta que se ha de formular ahora, e intentar contestar honestamente, es la siguiente: ¿Ese binomio seguridad vigilancia al que críticamente se referían SANTIAGO GÓMEZ, E. y RODRÍGUEZ RODRÍGUEZ, C. es, realmente, indivisible? ¿No es posible alcanzar cotas de seguridad aceptadas sin vivir en sociedades de cristal?

En mi opinión, no queda otra alternativa que ponderar adecuadamente las situaciones y los riesgos. Determinar, con la máxima precisión posible, cuáles son los bienes jurídicos que están en juego y ofrecer soluciones en cada caso concreto. A modo de ejemplo, entiendo que no debe utilizarse la misma tecnología para vigilar y proteger una central nuclear que un centro comercial.

Pero lo cierto es que, según creo, no tendría sentido dejar de utilizar esa tecnología a nuestro alcance para evitar situaciones de riesgo. Existen métodos para que esa tecnología respete al máximo posible los derechos y libertades de los ciudadanos. En este sentido, resultan especialmente importantes las denominadas evaluaciones de impacto de la privacidad (PIA'S por sus siglas en inglés) que están reconocidas en el RGPD como instrumento necesario cuando se van a realizar tratamientos que impliquen un riesgo importante de vulneración de derechos fundamentales. Así, el considerando 89 y siguientes del mencionado Reglamento establece lo siguiente:

> "(89) [...] Estos tipos de operaciones de tratamiento pueden ser, en particular, las que implican el uso de nuevas tecnologías, o son de una nueva clase y el responsable del tratamiento no ha realizado previamente una evaluación de impacto relativa a la protección de datos, o si resultan necesarias visto el tiempo transcurrido desde el tratamiento inicial.
>
> (90) En tales casos, el responsable debe llevar a cabo, antes del tratamiento, una evaluación de impacto relativa a la protección de datos con el fin de

105 BYUNG-CHUL, H., (2013), *La sociedad de la transparencia*, Herder.

> valorar la particular gravedad y probabilidad del alto riesgo, teniendo en cuenta la naturaleza, ámbito, contexto y fines del tratamiento y los orígenes del riesgo. Dicha evaluación de impacto debe incluir, en particular, las medidas, garantías y mecanismos previstos para mitigar el riesgo, garantizar la protección de los datos personales y demostrar la conformidad con el presente Reglamento.

Posteriormente, el artículo 35 del RGPD se refiere de manera expresa a cómo y cuando se han de llevar a cabo esas evaluaciones de impacto sobre la privacidad. En concreto, reza el mencionado precepto en su apartado primero:

> 1. Cuando sea probable que un tipo de tratamiento, en particular si utiliza nuevas tecnologías, por su naturaleza, alcance, contexto o fines, entrañe un alto riesgo para los derechos y libertades de las personas físicas, el responsable del tratamiento realizará, antes del tratamiento, una evaluación del impacto de las operaciones de tratamiento en la protección de datos personales. Una única evaluación podrá abordar una serie de operaciones de tratamiento similares que entrañen altos riesgos similares.

Cabe concluir, por consiguiente, que es posible y necesario utilizar las nuevas tecnologías para realizar la vigilancia adecuada que garantice unos mínimos niveles de seguridad. Dicha vigilancia deberá ser proporcional al bien jurídico que se intente proteger y, además, cuando sea necesario, se deberán realizar las correspondientes evaluaciones de impacto que garanticen el respecto de los derechos fundamentales en juego.

4.7. LOS PELIGROS DEL "SOLUCIONISMO" TECNOLÓGICO

Pero hay que ir con cautela. No caer en la ingenuidad. La tecnología está para ayudar a conseguir los objetivos. No para sustituir al hombre. El camino lo debe marcar el ser humano y ser consciente de que no todo vale. No todo es eficacia.

La tecnología no es el fin, sino el medio. La seguridad que se pretende alcanzar debe ayudar a reforzar los derechos y libertades fundamentales del ser humano, crear el contexto adecuado para que este desarrolle su personalidad con pleno respeto a la dignidad. El medio no puede ser otro que el que facilita el Estado social y democrático de Derecho.

No se debe caer, por consiguiente, en los peligros del "solucionismo" tecnológico[106]. No todo es convertirse a lo digital sin más. Eso es lo que pre-

---

106 MOZOROV, E., (2016), *la locura del solucionismo tecnológico*, Katz editores

tende el capitalismo digital, desarrollar estas tecnologías sin más objetivos, pero los problemas siguen siendo los mismos o, si se me permite, más profundos[107]. Es fácil perder el norte, deambular, sin rumbo, en la felicidad impostada de redes sociales, dejarnos guiar por aplicaciones de IA que nos ofrecen pequeñas dosis de satisfacción. Todo muy inmediato, muy a corto plazo, sin aportar realmente un valor añadido.

Tampoco se debe atribuir a la tecnología todas las causas de la globalización y de la denominada sociedad del conocimiento. La idea que quiero trasladar es la de que la tecnología es muy útil para determinados procesos, pero nunca debe considerarse como un fin, siempre como un medio. "Una mirada *tecnofílica*, además de correr el riesgo de caer en un reduccionismo histórico, puede levantar falsos juicios que no harán más que atender la tesis "tecnodeterminsta" que ubica a las tecnologías en el centro de todos los procesos sociales, económicos y culturales de la época actual"[108].

---

[107] JIMÉNEZ GONZÁLEZ, A. y RENDUELES MENÉNDEZ DE LLANO, C. (2020), "Capitalismo digital: fragilidad social, explotación y solucionismo tecnológico", *Teknokultura. Revista de Cultura Digital y Movimientos Sociales, 17(2)*, "Hace tiempo que el capitalismo digital trascendió las cada vez más desdibujadas fronteras entre lo digital y lo material. Tal y como se analiza en este número monográfico, sectores como la agricultura, la seguridad, la educación, el turismo, la producción industrial o audiovisual, el trabajo de reparto o el transporte público no pueden comprenderse ya sin tomar en cuenta a los gigantes digitales. El capitalismo digital propone una reorganización del capital y el trabajo basada, por un lado, en el uso extensivo de tecnologías automatizadas y de vigilancia y, por otro, en la proletarización radical de los trabajadores de las plataformas digitales (Sadowsky, 2020b; Delfanti, 2019). Aunque las tecnologías han cambiado profundamente, el objeto central de los debates de la economía política contemporánea mantiene fuertes conexiones con problemas clásicos: ¿quién posee los medios de producción?, ¿quién organiza las relaciones productivas?, ¿en base a qué intereses?, ¿siguiendo qué modelos?, ¿persiguiendo qué fines? El control de las grandes corporaciones digitales sobre las infraestructuras críticas de la economía digital, así como su poder para determinar las relaciones de producción les confiere un creciente poder político. Esta dinámica no ha pasado desapercibida y ha dado lugar a un amplio abanico de análisis y programas de investigación tanto académicos como institucionales. Sin afán de exhaustividad, cabe enumerar algunos de estos núcleos de interés: 1) dependencia y soberanía tecnológica; 2) gubernamentalidad algorítmica; 3) datafícación del estado de bienestar; 4) securitización de la vida cotidiana; 5) privatización de la esfera pública, y 6) democratización de las infraestructuras digitales.

[108] COBO ROMANÍ, J. C., (2009), "El concepto de tecnologías de la información. Benchmarking sobre las definiciones de las TIC en la sociedad del conocimiento", *Zer* 14-27, p. 297-298

El desarrollo tecnológico debe adoptar una visión antropocéntrica, sin duda. Una perspectiva que ponga el foco en el ser humano para alcanzar sus objetivos. Así, desde el punto de vista de la seguridad privada, dentro de los estrechos márgenes que deja la legislación a las empresas de seguridad para operar en el mercado, la tecnología debe avanzar para garantizar la eficacia de los servicios reduciendo los costes, sin olvidar la sostenibilidad y la dimensión social de la innovación. Y todo ello, al final, para garantizar la salvaguarda de los derechos fundamentales y las libertades públicas de los ciudadanos.

Por consiguiente, se puede ofrecer seguridad a través de los instrumentos más modernos y herramientas más vanguardistas, sin duda. Pero siempre con el foco de atención puesto, precisamente, en los derechos fundamentales que han de salir indemnes de toda esta ecuación.

4.8. NO SE DEBEN DESDEÑAR HERRAMIENTAS ANALÓGICAS Y TRADICIONALES PARA GARANTIZAR LA SEGURIDAD

Una de las cuestiones a las que no se suele dar importancia es a la posibilidad de volver a forma tradicionales, analógicas, de mantener la seguridad que han probado su eficacia en el pasado y que no ponen en riesgo los derechos digitales de los ciudadanos. Así, en algunos foros se ha planteado, por ejemplo, la vuelta a la figura de los serenos o similares[109] que puedan vigilar las calles o las entradas de los domicilios.

Desde luego, no planteo la posibilidad de dejar de lado las TIC y volver a herramientas del pasado, sino a no perder la perspectiva, es decir, no olvidar nunca que el componente humano es esencial, y que los instrumentos tecnológicos que se pueden utilizar pueden servir de ayuda a conseguir los objetivos señalados, pero no abandonar medios cuya eficacia ha sido acreditada.

Otro factor esencial para tener en cuenta a la hora de implantar estas herramientas digitales, en mi opinión, es el de atajar las causas de la inseguridad que tienen que ver, sobre todo, con la desigualdad social, cultural, económica, etcétera. En este sentido, la tecnología puede convertirse en otro factor de desigualdad social que habrá que analizar convenientemen-

---

[109] PORTALES PINTO, M. E. y SÁNCHEZ GARCÍA, J. L., (1997) "Serenos y policías de barrio", *Boletín Criminológico, Instituto Andaluz Interuniversitario de Criminología*, núm. 28.

te antes de implementar[110]. La brecha digital es, actualmente, una realidad sobre la que hay que actuar, pues puede ser fuente, como se ha indicado, de desigualdad y, por tanto, incrementar la inseguridad.

Por consiguiente, hay que ser conscientes que, en ocasiones, la implantación de estas tecnologías puede ahondar la desigualdad y generar, por tanto, más inseguridad. Habrá que actuar, entonces, de manera consecuente.

110 SANTIAGO GÓMEZ, E. y RODRÍGUEZ RODRÍGUEZ, C., (2018), "Tecnologías de la vigilancia: una mirada hacia la violencia legítima del Estado en cuestiones de seguridad y control", op. cit., p. 13.

5. *Análisis de las diferentes tecnologías de la información con impacto en la seguridad privada*

En los siguientes epígrafes del presente trabajo se tratará de analizar las diferentes tecnologías que se pueden utilizar desde la seguridad privada para incrementar la eficacia en el ejercicio de las funciones. Ello supone, como ya se ha indicado, un reto para los derechos fundamentales. Sobre todo, en su vertiente digital. Se analizarán los riesgos y se propondrán, en su caso, soluciones.

También trataré de concretar en qué medida la actual LSP limita a las empresas del sector la posibilidad de realizar inversiones en investigación y desarrollo de tecnologías. Inversión que puede redundar no solo en la seguridad privada, como es lógico, sino también en seguridad pública y, por consiguiente, beneficiar a todos los ciudadanos.

Es mi intención ser exhaustivo, pero también soy realista. Esta tecnología avanza a pasos muy acelerados, por lo que es posible que alguna se quede en el tintero, o no sea tratada, quizás, con el tiempo que merece. Pido disculpas por ello de manera anticipada.

5.1. LAS TECNOLOGÍAS DE LA INFORMACIÓN Y DEL CONOCIMIENTO

En los últimos años, desde finales del pasado siglo XX, se ha asistido, en muchas ocasiones, aturdidos, a grandes avances tecnológicos que han facilitado la vida al ser humano. Los que, como quien suscribe, no somos nativos digitales, sino que nacimos en una sociedad casi completamente analógica, hemos ido asumiendo, mal que bien, los cambios. A veces, incrédulos. Otras, entusiasmados. Casi siempre, en cualquier caso, asombrados de lo que se nos ofrecía a cambio de ¿tan poco?

El cambio de una sociedad analógica a una digital ha supuesto, en general, un cambio positivo para nuestras vidas. Nos ha facilitado y agilizado las relaciones comerciales, profesionales, humanas, sociales, etc. Nos ha hecho el mundo aún más pequeño y útil, pues se han visto afectados todos los sectores de actividad y para mejor. Nos ha generado, por consiguiente, oportunidades. Pero también supone retos enormes que debemos afrontar[111].

Con la aparición, por ejemplo, de las primeras redes sociales, entre las que cabe destacar la ya obsoleta Facebook, nunca nos planteamos seriamente donde iban a parar la información y los datos que tan alegremente vertíamos sobre nosotros. No nos parecía importante. No pensábamos, realmente, en que esos datos fueran a ser útiles para las empresas u otras instituciones.

Sin embargo, el paso del tiempo ha demostrado que esos datos son realmente valiosos y que pueden ser utilizados, en muchas ocasiones, con

111 DE LA QUADRA-SALCEDO FERNÁNDEZ DEL CASTILLO, T., (2018), "Retos, riesgos y oportunidades de la sociedad digital", op. cit., p. 63, "el surgimiento y desarrollo de la sociedad digital con dispositivos, servicios, aplicaciones y con la inteligencia artificial (IA) traspasa y afecta al entero funcionamiento y articulación de las relaciones sociales, políticas y económicas de una sociedad tal cual era antes del advenimiento de tal sociedad digital. En realidad, afecta a todos los sectores de actividad (agricultura, industria, servicios), a casi todos los derechos de la persona, al funcionamiento del mercado y al funcionamiento mismo del sistema democrático. La forma en que afecta a todo ello supone, en primer lugar, una mejora de todos esos ámbitos y campos de actuación lo que hace inevitable aprovechar sus enormes ventajas y posibilidades. Ahora bien, a la vez que la sociedad digital presenta ventajas implica también la alteración de la forma de desarrollarse y funcionar todos esos ámbitos, relaciones y derechos; y lo hace creando riesgos de limitación de los derechos y libertades fundamentales, de alteración de las relaciones sociales, de alteración de funcionamiento del mercado y de alteración del propio sistema político. Esa afección a todos los elementos fundamentales que estructuran e informan nuestras sociedades hace obligatorio adoptar una perspectiva holística en el tratamiento de los retos que plantea la sociedad digital. Holística en cuanto un tratamiento separado de cada uno de los ámbitos que pueden ser afectados por la sociedad digital no reflejaría con precisión la dimensión del problema, pues no se limita a la suma de los riesgos y respuestas a dar en cada ámbito, sino que va más allá de dicha simple suma. La consideración separada de cada uno de los ámbitos y afecciones que en ellos se produce nos haría perder la perspectiva de conjunto, que no la percibimos con la mera suma del tratamiento individual de cada ámbito. La perspectiva de conjunto ofrece una visión más rica y completa en cuanto permite comprobar que estamos ante una sociedad, la digital, que determina y tiende a provocar cambios culturales y civilizatorios, en el sentido de que propugna o tiende a cambiar la civilización entendida como «conjunto de costumbres, saberes y artes propio de una sociedad humana» que es el concepto de «civilización» de la Real Academia de la lengua".

fines espurios. Se repite en cada libro, artículo, manual, trabajo, etcétera, que los datos es el petróleo del siglo XXI. Y no por mucho repetirlo, deja de ser verdad. Toda la información que vertemos a través de los distintos dispositivos conectados a internet, tecnología que ha venido en denominarse Internet de las Cosas (IoT, por sus siglas en inglés), o Internet de las Personas (IoP, también por las siglas en este idioma), forma una ingente masa de información que, a priori, nada dice sobre nosotros, pero sobre la que, aplicando diferentes algoritmos o sistemas de inteligencia artificial, podemos obtener, a veces, resultados y predicciones asombrosas. Datos que, quizás, ni nosotros mismo conocíamos. Y todo esto unido a los próximos desarrollos de la computación cuántica, es decir, la posibilidad de incrementar exponencialmente la potencia de computación de los ordenadores, es decir, el tratamiento de información. ¿Estamos preparados para ello? No lo sabemos, pero hay que avanzar, pues es la esencia de la humanidad.

Con estos avances, aun en ciernes, resulta especialmente necesaria una visión antropocéntrica de estas tecnologías. Una perspectiva que no se puede evitar, según entiendo, y que debe poner a la dignidad del ser humano en el centro de cualquier avance tecnológico que implique un riesgo para los derechos fundamentales.

Sobre estas tecnologías, y su aplicación a la seguridad, en concreto a la privada, tratará esta segunda parte del trabajo que, sin duda, pretende ser no solo un análisis de lo que tenemos actualmente, sino de lo que puede derivar en un futuro no muy lejano, y los retos a los que nos enfrentamos como juristas.

5.2. APLICACIÓN DE LA TECNOLOGÍA A LA SEGURIDAD PRIVADA

Ya se ha dicho más arriba: la seguridad privada es un sector especialmente abonado para la aplicación de este tipo de tecnologías. Cuando hablamos de vigilancia, prevención, etcétera, donde la seguridad es esencial para evitar que el riesgo se produzca, las tecnologías de las que aquí voy a hablar se vuelven esenciales para desempeñar esas funciones con una eficacia y eficiencia mucho mayor.

De lo que se trata, en definitiva, es de que, a través de todas estas herramientas tecnológicas, las empresas y profesionales del sector mejoren la prestación de este tipo de servicios.

La misión de la seguridad en general, y de la privada, en particular, es que se evite la concreción de determinados riesgos[112]. Para ello se necesita recopilar información y, una vez tratada, seleccionar aquellos datos que se consideran adecuados para tomar decisiones. En ese tratamiento de la información e, incluso, en la toma de decisiones, las tecnologías a las que me estoy refiriendo van a ocupar un lugar esencial, como es fácilmente comprensible.

A continuación, analizaré las diferentes tecnologías que pueden ser utilizada por la seguridad privada para facilitar su labor. Para ello, y dado que en este sector es imprescindible referirse a las diferentes actividades tasadas a las que se refiere el art. 5 de la LSP, analizaré las diferentes herramientas que puede utilizarse para:

— La vigilancia y protección de bienes, establecimientos, lugares y eventos, tanto públicos como privados, así como de las personas que pudieran encontrarse en los mismos

— El acompañamiento y protección de personas.

— El depósito y custodia de bienes.

— Su transporte o

— La instalación, mantenimiento y explotación de sistemas de alarma o videovigilancia.

Como se puede comprender fácilmente, no se desarrolla una tecnología para utilizar solo en un ámbito concreto, sino que se le podrán dar múltiples aplicaciones. Es decir, que las diferentes herramientas a las que me refiera en el próximo epígrafe, servirán para las diferentes actividades de seguridad privada a las que se refiere la LSP. Y esas herramientas utilizarán, a su vez, la tecnología disponible

Mención aparte merece, según entiendo, la investigación privada, que puede hacer uso de las diferentes tecnologías y de manera muy invasiva, pues precisamente se trata de que el investigado no se percate de que se está produciendo esa investigación.

---

112 Cuando estos se concretan, en su labor de represión, quienes actúan en el uso legítimo y monopolio de la fuerza son las Fuerzas y Cuerpos de Seguridad del Estado. La misión de la seguridad privada es, esencialmente la de prevenir, evitar el daño. Se puede considerar la labor más importante, pues es preferible que el riesgo no se concrete que, una vez producido, se reprima.

5.3. VIDEOVIGILANCIA

La videovigilancia ha sido uno de los mayores avances en los últimos años en el ámbito de la vigilancia y protección en el sector de la seguridad, tanto pública como privada, pero supone también importantes riesgos para los derechos fundamentales, especialmente el derecho a la protección de datos, a la intimidad[113] y a la propia imagen[114]. En este apartado se van a analizar concretamente los riesgos relativos a la protección de datos y como el ejercicio de estas funciones puede afectar a este derecho fundamental.

En el ámbito de la seguridad pública, la Ley Orgánica 4/2015, de 30 de marzo, de protección de la seguridad ciudadana regula, en su artículo 22, el uso de videocámaras para la realización, entre otras funciones, de labores de videovigilancia (fija o móvil). También se debe tener presente la Ley Orgánica 4/1997, de 4 de agosto, por la que se regula la utilización de videocámaras por las Fuerzas y Cuerpos de Seguridad en lugares públicos y su desarrollo a través del Real Decreto 596/1999, de 16 de abril, por el que se aprueba el Reglamento de desarrollo y ejecución de la Ley Orgánica 4/1997, de 4 de agosto, por la que se regula la utilización de videocámaras por las Fuerzas y Cuerpos de Seguridad en lugares públicos.

Respecto a la seguridad privada, sin embargo, debemos acudir al artículo 42 de la Ley 5/2014, de 4 de abril, de Seguridad Privada, donde se regula los servicios de videovigilancia que pueden prestar las empresas de seguridad privada.

En la medida en que la captación de imágenes supone un tratamiento de datos personales[115], hay que tener en cuenta la normativa sobre protec-

---

113 Sobre esta materia, puede verse el trabajo de PÉREZ-CRUZ MARTÍN, A. J., (1997), "Videovigilancia y derecho a la intimidad: ¿Un nuevo ejemplo de conflicto entre el derecho a la seguridad pública y el derecho fundamental a la intimidad?", *Anuario da Facultade de Dereito da Universidade da Coruña*, N° 1.

114 BOUAZZA ARIÑO, O., (2008), "El derecho a la propia imagen en la jurisprudencia del Tribunal Europeo de Derechos Humanos", AGIRREAZKUENAGA ZIGORRAGA, I. (col), *Derechos fundamentales y otros estudios en homenaje al Prof. Dr. Lorenzo Martin-Retortillo*, El Justicia de Aragón

115 Según lo dispuesto en la *Guía sobre el uso de videocámaras para seguridad y otras finalidades* elaborado por la Agencia Española de Protección de Datos (2022), p. 4, "La imagen de una persona en la medida que identifique o pueda identificar a la misma constituye un dato de carácter personal, que puede ser objeto de tratamiento para diversas finalidades. Si bien la más común consiste en utilizar las cámaras con la finalidad de garantizar la seguridad de personas, bienes e instalaciones, tam-

ción de este derecho fundamental, y aquí es donde nos encontramos con una de las principales diferencias en el régimen jurídico de ambos sectores, el público y el privado.

Así, tal y como se ha puesto de manifiesto en epígrafes anteriores, el uso de cámaras de videovigilancia por las fuerzas y cuerpos de seguridad del Estado está sometido a la regulación de la Directiva (UE) 2016/680 del Parlamento Europeo y del Consejo, de 27 de abril de 2016, relativa a la protección de las personas físicas en lo que respecta al tratamiento de datos personales por parte de las autoridades competentes para fines de prevención, investigación, detección o enjuiciamiento de infracciones penales o de ejecución de sanciones penales, y a la libre circulación de dichos datos y por la que se deroga la Decisión Marco 2008/977/JAI del Consejo y la Ley Orgánica 7/2021, de 26 de mayo, de protección de datos personales tratados para fines de prevención, detección, investigación y enjuiciamiento de infracciones penales y de ejecución de sanciones penales, por la que se transpone a nuestro ordenamiento la anterior.

Los servicios de videovigilancia por parte de empresas del sector privado están regulados, por su parte, en el Reglamento (UE) 2016/679 del Parlamento Europeo y del Consejo, de 27 de abril de 2016, relativo a la protección de las personas físicas en lo que respecta al tratamiento de datos personales y a la libre circulación de estos datos y por el que se deroga la Directiva 95/46/CE, y la Ley Orgánica 3/2018, de 5 de diciembre, de Protección de Datos Personales y garantía de los derechos digitales.

Ambos regímenes jurídicos son muy diferentes entre sí. Es mucho más estricto, mucho más respetuoso con el derecho fundamental, el segundo, que es, precisamente, como digo, el que tienen que cumplir las empresas de videovigilancia del sector privado[116]. Este es el que analizaremos más en

---

bién pueden usarse con otros fines, como la investigación, la asistencia sanitaria o el control de la prestación laboral por los trabajadores".

116 Sobre las limitaciones a la privacidad en aras de la seguridad pública, véase, BALLESTEROS MOFFA, L. A. (2020), *Las fronteras de la privacidad: el conflicto entre seguridad pública y datos personales en una sociedad amenazada y tecnológica*, Comares, pág., 80, "El régimen común de privacidad, en efecto, alberga una notable "letra pequeña" que rebaja el poder de exclusión al tratamiento por parte del titular de la información personal. Limitaciones que forman parte del mismo régimen de licitud del tratamiento, sin necesidad de acudir al catálogo de posibles excepciones y que, desde la perspectiva del régimen general, no solo habilitan tratamientos con fines de seguridad, sino también la transmisión de los datos personales

profundidad, sin perjuicio de que se haga alguna referencia al ámbito de la seguridad pública.

5.3.1. Principios y criterios que rigen la captación de imágenes a través de cámaras de videovigilancia: seguridad como misión de interés público o interés legítimo

Sobre la videovigilancia debemos señalar que el uso principal es el de garantizar la seguridad de personas, bienes e instalaciones, sin perjuicio de otros usos como la investigación, asistencia sanitaria, control de trabajadores, etc. En este trabajo, como es lógico, nos vamos a referir, esencialmente, al uso de esta tecnología para la seguridad.

En cuanto a la utilización de cámaras de videovigilancia para seguridad, la principal base legitimadora de las reconocida en el artículo 6 del RGPD es, según la propia guía de la AEPD ya mencionada, el interés público[117]. Resulta paradójico que la base que legitima el tratamiento para el ejercicio de funciones de videovigilancia por la seguridad privada sea el cumpli-

---

para tratamientos ulteriores para tales fines, a partir incluso de tratamientos distintos, por cuanto la transmisión forma parte de las operaciones de tratamiento. Algo que, como se verá, tiene una especial incidencia para los responsables de tratamientos en el ámbito de las comunicaciones electrónicas. Sin perjuicio de que, a efectos de los deberes de información, acceso, notificación de cualquier rectificación, supresión o limitación del tratamiento y registro de las actividades del tratamiento [arts. 13.1.e), 14.1.e), 15.1c), 19 y 30.1.d) RGPD, y concordantes de la Directiva de policía (UE) 2016/680], no se consideren destinatarios «las autoridades públicas que puedan recibir datos personales en el marco de una investigación concreta de conformidad con el Derecho de la Unión o de los Estados miembros; el tratamiento de tales datos por dichas autoridades públicas será conforme con las normas en materia de protección de datos aplicables a los fines del tratamiento» [art. 4.9) RGPD]. En el mismo sentido, AYLLÓN SANTIAGO, H. S., y FERNÁNDEZ GONZÁLEZ, C. M., (2021), *Tratamiento de datos de carácter personal en el ámbito policial*, Reus, pág. 108. "Su ejercicio se (sic.) similar, pero no todos los derechos que asisten a los interesados bajo el ámbito de aplicación del RGPD son aplicables a las actuaciones en el marco de la Directiva con fines policiales".

117 Artículo 6.1.e) del RGPD establece lo siguiente:
1. El tratamiento solo será lícito si se cumple al menos una de las siguientes condiciones:
[...]
e) el tratamiento es necesario para el cumplimiento de una misión realizada en interés público o en el ejercicio de poderes públicos conferidos al responsable del tratamiento;

miento de una misión de interés público, pero dicha finalidad está alineada con una perspectiva amplia del concepto seguridad que incluye tanto a la seguridad pública como a la privada. En definitiva, se está reconociendo la importancia de los servicios de seguridad privada para el mantenimiento de la seguridad en general, como bien de interés general. Así lo establece la LSP en su artículo 1[118], referido al objeto de la Ley, o en el artículo 4[119], en el que se habla de los fines.

En esta Guía de la AEPD no se hace referencia, sin embargo, a otra de las bases que podría utilizarse para el tratamiento de datos en videovigilancia: el interés legítimo (art. 6.1.f) del RGPD). De hecho, será la más común cuando se presten servicios de videovigilancia por empresas de seguridad privada, pues si bien es cierto que estas contribuyen a alcanzar el objetivo más amplio de seguridad junto con las fuerzas y cuerpos de seguridad del Estado, no es menos cierto que están subordinadas a estas en el cumplimiento de esta misión. Por lo tanto, es el interés legítimo la base jurídica que les permite actuar con mayor autonomía e independencia en el cumplimiento de su misión de satisfacer las necesidades legítimas de seguridad o de información de los usuarios de seguridad privada (art. 4.a) de la LSP).

---

118 Artículo 1. Objeto.
1. Esta ley tiene por objeto regular la realización y la prestación por personas privadas, físicas o jurídicas, de actividades y servicios de seguridad privada que, desarrollados por éstos, son contratados, voluntaria u obligatoriamente, por personas físicas o jurídicas, públicas o privadas, para la protección de personas y bienes. Igualmente regula las investigaciones privadas que se efectúen sobre aquéllas o éstos. Todas estas actividades tienen la consideración de complementarias y subordinadas respecto de la seguridad pública.
2. Asimismo, esta ley, en beneficio de la seguridad pública, establece el marco para la más eficiente coordinación de los servicios de seguridad privada con los de las Fuerzas y Cuerpos de Seguridad, de los que son complementarios.

119 La seguridad privada tiene como fines:
a) Satisfacer las necesidades legítimas de seguridad o de información de los usuarios de seguridad privada, velando por la indemnidad o privacidad de las personas o bienes cuya seguridad o investigación se le encomiende frente a posibles vulneraciones de derechos, amenazas deliberadas y riesgos accidentales o derivados de la naturaleza.
b) Contribuir a garantizar la seguridad pública, a prevenir infracciones y a aportar información a los procedimientos relacionados con sus actuaciones e investigaciones.
c) Complementar el monopolio de la seguridad que corresponde al Estado, integrando funcionalmente sus medios y capacidades como un recurso externo de la seguridad pública.

El uso de ambas bases de legitimación no está reñido, según mi opinión. La seguridad como misión de interés público es innegable cuando se prestan este tipo de servicios, aunque estará sometido a lo que establezcan las fuerzas y cuerpos de seguridad del Estado, y, por tanto, a su legislación específica. Sin embargo, las empresas de seguridad privada pueden realizar servicios de videovigilancia amparadas por un interés legítimo. Así lo ha puesto de manifiesto en diferentes ocasiones el TJUE, como nos recuerda en la Sentencia de la Sala Tercera de 11 de diciembre de 2019, TK contra *Asociația de Proprietari bloc* M5A-ScaraA[120], asunto C-708/18[121].

En cuanto a la cimentación legal que exige el Considerando 45 del RGPD[122] para utilizar esta base legitimadora, se encuentra, tal y como he-

---

120 Un análisis de esta sentencia puede encontrarse en el trabajo de MARTÍNEZ LÓPEZ-SÁEZ, M. (2022), "A vueltas con la ponderación de derechos en materia de videovigilancia: Interés legítimo, seguridad privada, régimen vecinal y protección de datos", *Revista de Derecho Civil*, vol. IX, núm. 4 (octubre-diciembre), p. 361, "También parece entenderlo el TJUE calificando de interés legítimo: «el objetivo que persigue, en esencia, el responsable del tratamiento de los datos cuando instala un sistema de videovigilancia como el controvertido en el litigio principal, a saber, la protección de los bienes, de la salud y de la vida de los copropietarios de un inmueble». Así, la grabación videográfica y su almacenamiento están comprendidas en uno de los supuestos legitimados por (y compatibles con) el cumplimiento de los principios de licitud, limitación de la finalidad y minimización del tratamiento26 puesto que consideran, como intereses legítimos, la protección de los bienes, de la salud y de la vida de los copropietarios de un inmueble. Con ello queda fundamentado la concurrencia del primer requisito (la finalidad del tratamiento es legítima). A su vez, confirma que el interés legítimo perseguido no debe ser hipotético sino real, aunque no puede exigirse un perjuicio probado previo, si bien en este caso existía y ello mejor fundamenta la necesidad del sistema de videovigilancia. Esto último también lo parece confirmar el Comité Europeo de Protección de Datos (CEPD), yendo, incluso un paso más allá".

121 El apartado 45 de esta sentencia establece lo siguiente:
"En el caso de autos parece concurrir en todo caso, en una situación como la del litigio principal, el requisito relativo a la existencia de un interés y a la actualidad del mismo, puesto que el órgano jurisdiccional remitente señala que los allanamientos, los robos y los actos de vandalismo se produjeron antes de que se instalara el sistema de videovigilancia y pese a la instalación, en la entrada del edificio, de un sistema de seguridad compuesto por un interfono y una tarjeta magnética".

122 (Considerando 45 del RGPD) Cuando se realice en cumplimiento de una obligación legal aplicable al responsable del tratamiento, o si es necesario para el cumplimiento de una misión realizada en interés público o en el ejercicio de poderes públicos, el tratamiento debe tener una base en el Derecho de la Unión o de los Estados miembros. El presente Reglamento no requiere que cada tratamiento individual se rija por una norma específica. Una norma puede ser suficiente como

mos visto, en la propia LSP, sin perjuicio de que, en el fututo, tal y como se ha señalado en otro lugar, se pueda aprobar una norma europea sobre seguridad privada.

Por otro lado, el cumplimiento de fines de interés público como base legitimadora para el uso de cámaras de vigilancia por parte de la seguridad privada no excusa, como es lógico, el cumplimiento del resto de los principios relativos al tratamiento de datos personales. De estos, resultan especialmente importantes, por las concretas circunstancias del uso de esta tecnología, los principios de limitación de la finalidad y el de minimización. En definitiva, tiene que ver con el cumplimiento del principio de proporcionalidad.

Sobre la limitación de la finalidad en la captación de imágenes, se debe tener en cuenta que estas solo podrán ser utilizadas para la finalidad de seguridad correspondiente, sin que se pueda llevar a cabo ningún otro uso no autorizado.

Como regla general, la captación de imágenes en la vía pública se llevará a cabo por las fuerzas y cuerpos de seguridad del Estado. No obstante, en algunas ocasiones, puede ser necesario grabar una parte de la vía pública, aunque el objetivo principal sea mantener la seguridad en espacios privados. Bien porque sea imprescindible para la consecución del correspondiente fin, o bien porque no sea posible evitarlo. Por otro lado, determinados espacios privados de libre acceso al público podrán ser objeto de grabación por cámaras de videovigilancia para garantizar la seguridad de las personas y las instalaciones. Por ejemplo, utilizando los mismos ejem-

---

base para varias operaciones de tratamiento de datos basadas en una obligación legal aplicable al responsable del tratamiento, o si el tratamiento es necesario para el cumplimiento de una misión realizada en interés público o en el ejercicio de poderes públicos. La finalidad del tratamiento también debe determinase en virtud del Derecho de la Unión o de los Estados miembros. Además, dicha norma podría especificar las condiciones generales del presente Reglamento por las que se rige la licitud del tratamiento de datos personales, establecer especificaciones para la determinación del responsable del tratamiento, el tipo de datos personales objeto de tratamiento, los interesados afectados, las entidades a las que se pueden comunicar los datos personales, las limitaciones de la finalidad, el plazo de conservación de los datos y otras medidas para garantizar un tratamiento lícito y leal. Debe determinarse también en virtud del Derecho de la Unión o de los Estados miembros si el responsable del tratamiento que realiza una misión en interés público o en el ejercicio de poderes públicos debe ser una autoridad pública u otra persona física o jurídica de Derecho público, o, cuando se haga en interés público, incluidos fines sanitarios como la salud pública, la protección social y la gestión de los servicios de sanidad, de Derecho privado, como una asociación profesional.

plos a los que se refiere la AEPD, centros comerciales, restaurantes, aparcamientos públicos, lugares de ocio, etc[123].

Por otro lado, el artículo 42.4 de la LSP hace referencia al principio de limitación de finalidad en el tratamiento de los datos obtenidos por estos medios al prohibir usos distintos al que motivan la videovigilancia.

Otra garantía adicional que establece la LSP se refiere a la necesidad de que sean vigilantes de seguridad quienes presten estos servicios cuando la finalidad de la videovigilancia sea prevenir infracciones y evitar daños a las personas o bienes objeto de protección o impedir accesos no autorizados. En otros casos, la Ley permite que las funciones sean realizadas por personal distinto. Entendemos que aquellos vigilantes de seguridad que presten servicios de videovigilancia deben tener una formación adecuada en materia de protección de datos, de forma que se cumpla el principio de responsabilidad proactiva al que se refiere el artículo 24 del RGPD y que exige al responsable de tratamiento que aplique medidas técnicas y organizativas apropiadas a fin de garantizar y poder demostrar que el tratamiento es conforme a lo previsto en la norma.

En la actualidad, dentro del temario relativo a "contenidos mínimos de los módulos profesionales de formación previa" para vigilantes de seguridad que publica el Ministerio del interior, se dedica, dentro del Módulo de Derecho Administrativo Especial, un tema específico (el tema 4) a "Protección de datos de carácter personal. Normativa básica reguladora. Especial referencia al tratamiento y custodia de las imágenes". Por tanto, sin perjuicio de la formación continuada y actualización que las empresas de seguridad deben dar a sus trabajadores, los vigilantes de seguridad deben acreditar que conocen la normativa sobre protección de datos y videovigilancia.

En COMITÉ EUROPEO DE PROTECCIÓN DE DATOS (2020) en sus "Directrices 3/2019 sobre el tratamiento de datos personales mediante dispositivos de vídeo" concreta ejemplos de medidas técnicas[124] y organi-

---

123 Agencia Española de Protección de Datos (2022), op. cit., p. 8.

124 COMITÉ EUROPEO DE PROTECCIÓN DE DATOS (2020) en sus "Directrices 3/2019 sobre el tratamiento de datos personales mediante dispositivos de vídeo", p. 35, concreta ejemplos de medidas técnicas y organizativas que se pueden adoptar.
"Seguridad del sistema significa seguridad física de todos los componentes del sistema y la integridad del sistema, esto es, la protección y resiliencia en condiciones de injerencia intencionada e involuntaria en sus operaciones normales y el control de acceso. Seguridad de los datos significa confidencialidad (solo pueden acceder a los datos las personas a las que se haya concedido acceso), integridad

zativas[125] que se pueden adoptar para ejercer las funciones de videovigilancia.

(prevención frente a la pérdida de datos o la manipulación) y disponibilidad (se puede acceder a los datos cuando sea necesario).
La seguridad física es una parte vital de la protección de datos y la primera línea de defensa, dado que protege a los equipos de VSS frente al robo, el vandalismo, los desastres naturales, las catástrofes ocasionadas por el hombre y los daños accidentales (p. ej., por sobrecargas eléctricas, temperaturas extremas o café vertido). En el caso de los sistemas analógicos, la seguridad física desempeña un papel principal en su protección.
La seguridad de los datos y sistemas, es decir, la protección frente a las injerencias intencionadas e involuntarias en sus operaciones normales, puede incluir: Protección de toda la infraestructura del VSS (incluidas cámaras remotas, cableado y fuente de alimentación) frente al robo y la manipulación física. Protección de la transmisión de imágenes con canales de comunicación contra las intercepciones. Cifrado de datos. La utilización de soluciones basadas en hardware y software como cortafuegos, antivirus o sistemas de detección de intrusos contra ciberataques. Detección de fallos de componentes, software e interconexiones. Medios para restaurar la disponibilidad y el acceso al sistema en caso de incidente físico o técnico.
El control de acceso garantiza que solo las personas autorizadas puedan acceder al sistema y los datos, mientras que otras no puedan hacerlo. Las medidas que respaldan el control de acceso físico y lógico son las siguientes: Garantizar que todas las instalaciones en las que exista videovigilancia y en las que se conserven imágenes de vídeo estén protegidas frente al acceso no supervisado de terceros. Colocar los monitores (especialmente cuando estén en espacios abiertos, como una recepción) de forma que solo los operadores autorizados puedan verlos. Definir y aplicar procedimientos para conceder, cambiar y revocar el acceso físico y lógico.
Aplicar métodos y medios de autenticación y autorización, incluidos por ejemplo la longitud y la frecuencia de cambio de las contraseñas. Registrar y revisar periódicamente las acciones realizadas por el usuario (tanto en el sistema como en los datos). Realizar continuamente la vigilancia y detección de fallos de acceso y tratar lo antes posible las deficiencias identificadas".

125 Ibidem, p. 34, "Además de la posible necesidad de una evaluación del impacto sobre la protección de datos (EIPD) (véase el apartado 10), los responsables del tratamiento deben tener en cuenta los siguientes aspectos al crear sus propios procedimientos y políticas de videovigilancia:

- Persona responsable de la gestión y el funcionamiento del sistema de videovigilancia.
- Objetivo y ámbito de aplicación del proyecto de videovigilancia.
- Uso adecuado y prohibido (dónde y cuándo está permitida la videovigilancia y dónde y cuándo no lo está; p. ej., utilización de cámaras y audio ocultos además de la grabación con vídeo)
- Las medidas de transparencia a las que se refiere el apartado (Obligaciones de transparencia e información).

5.3.2. Desarrollo y nuevos retos en videovigilancia: reconocimiento o identificación faciales y uso de inteligencia artificial

Los sistemas de videovigilancia no son nuevos[126] en nuestro ordenamiento jurídico. Se implantan y desarrollan en la última década del siglo pasado, y su uso es ya generalizado a estas alturas. Pero como todas las tecnologías de estas características, han evolucionado exponencialmente en los últimos años, introduciendo aplicaciones distintas como las del reconocimiento facial, predicción de comportamientos o[127] inteligencia artificial, por mencionar solo algunas de las más relevantes y conocidas.

- Cómo se graba el vídeo y durante cuánto tiempo, incluido el almacenamiento de las grabaciones de vídeo relativas a incidencias de seguridad.
- Quién debe recibir la formación pertinente y cuándo.
- Quién tiene acceso a las grabaciones de vídeo y con qué finalidades.
- Procedimientos operativos (p. ej., por quién y desde dónde se supervisa la videovigilancia, qué hacer en caso de violación de la seguridad de los datos).
- Qué procedimientos deben seguir los terceros externos para solicitar grabaciones de vídeo y procedimientos para denegar u otorgar tales solicitudes.
- Procedimientos para el suministro, instalación y mantenimiento de VSS.
- Procedimientos de recuperación y gestión de incidentes".

126 GUTIERREZ DE ANGELIS, M., (2017), "El rostro como dispositivo. De la antropometría a la imagen biométrica", *e-imagen Revista 2.0*, Nº 4, Sans Soleil Ediciones, p. 1, "A finales del siglo XIX, Alphonse Bertillon, un empleado de la Prefectura de policía de Paris, inventó el "signalement anthropométrique", un sistema de reconocimiento de personas fundado en la medición detallada de altura, pies, manos, narices, orejas así como fotografía de frente y de perfil. La combinación de esas medidas constituía una información única que permitía dar con la persona buscada entre millones. Extensos archivos de fotografías y registros permitían a la policía buscar, a través de las imágenes, a sus sospechosos.
Las técnicas de Bertillon plantearon una verdadera transformación de la práctica forense. El medio fotográfico se convirtió en el privilegiado a la hora de analizar las escenas de crímenes y los perfiles de los acusados.
Pero también en el campo científico fue considerado una herramienta fascinante. Por ejemplo, en 1872 el libro de Charles Darwin, La expresión de las emociones en el hombre y en los animales presentaba un detallado estudio ilustrado a través de fotografías sobre el universo gestual humano. La novedosa cámara fotográfica podía congelar y recorrer con sumo cuidado los rostros y sus sutiles movimientos, demostrando que la imagen era un aliado incomparable para desplegar su impulso taxonómico. El propio Bertillon lo puso en práctica cuando comenzó a fotografiar de frente y perfil a los sospechosos y criminales cuyas imágenes pasaron a formar parte de extensos archivos. El desvío del uso de la fotografía para fines de identificación abrió paso a una historia del rostro marcada por la represión y la vigilancia. La fotografía fue la pieza maestra de la antropometría.

127 Utilizo "o" como conjunción coordinante sin tener muy claro su valor disyuntivo.

Es cierto que la regulación y la jurisprudencia en esta materia se han desarrollado adecuadamente. Pero con las nuevas implementaciones y avances es necesario hacer un nuevo análisis para determinar si es necesario adoptar nuevas garantías que protejan los derechos fundamentales y las libertades públicas frente a los nuevos retos.

Esto es, precisamente, lo que ocurre con los sistemas de videovigilancia a los que se añade el reconocimiento o identificación facial y otras tecnologías similares de inteligencia artificial y predicción de comportamientos. La captación o grabación de imágenes a través de cámaras supone, como ya se ha advertido, un tratamiento de datos personales que hay que ajustar a la normativa sobre protección de datos. Hasta hace unos años, esta legislación se consideraba suficiente para proteger los derechos fundamentales de los ciudadanos, pues no todas las imágenes captadas eran adecuadas para efectuar un reconocimiento facial.

Sin embargo, el desarrollo en los últimos años de sistemas de reconocimiento facial e IA a través de cámaras de videovigilancia hace insuficiente la regulación sobre protección de datos contenida en el RGPD, por más que se haya estirado su aplicación.

Un avance esencial en esta materia ha sido reconocer la imagen del rostro como dato biométrico a efectos de la aplicación del artículo 9 del RGPD (Tratamiento de categorías especiales de datos personales). Según el Considerando 51 del Reglamento, "El tratamiento de fotografías no debe considerarse sistemáticamente tratamiento de categorías especiales de datos personales, pues únicamente se encuentran comprendidas en la definición de datos biométricos cuando el hecho de ser tratadas con medios técnicos específicos permita la identificación o la autenticación unívocas de una persona física". Es decir, el propio RGPD es consciente de que el tratamiento de imágenes (fotografías) realizadas con medios técnicos específicos exige más protección y lo considera, a estos efectos, como dato biométrico, prohibiendo, en principio, cualquier tipo de tratamiento, de conformidad con lo que prevé el propio artículo 9.1 del RGPD[128].

En estas circunstancias no estamos hablando realmente de un reconocimiento facial, que admite cierto margen de error, por mucho que sea realizado por un medio tecnológico, sino de una auténtica identificación (unívoca) facial. La distinción es muy importante, como ha puesto de ma-

---

128 Así lo ha interpretado el Comité Europeo de Protección de Datos en su "Guidelines 3/2019 on processing of personal data through video devices"

nifiesto algunos autores.[129] Es en este segundo caso, el de identificación facial, cuando entran en juego todas las garantías del artículo 9 del RGPD al que me refería en el apartado anterior.

Y aquí es donde han surgido las grandes dudas respecto a esta cuestión: ¿Puede una empresa de seguridad privada utilizar un sistema de identificación facial para tratar de localizar a personas con antecedentes penales en los alrededores de un lugar que estén custodiando conforme a lo previsto en la LSP?

La respuesta de la AEPD ha sido claramente negativa. Entiende la autoridad de control española en su informe 010308/2019 elaborado por el Gabinete Jurídico que:

> "no puede admitirse, tal y como pretende la consulta, que la legitimación reconocida para los sistemas de videovigilancia, dirigida solo a la captación y grabación de la imagen y el sonido, abarque otras tecnologías mucho más intrusivas para la privacidad como pueda ser el reconocimiento facial u otras

---

[129] MAGRO SERVET, V., (2022), "Las técnicas de identificación facial por la seguridad privada y su necesidad de cobertura legal según la AEPD", *Diario La Ley*, Nº 10053, Sección Doctrina, 21, p. 2, "Aunque suelen utilizarse de forma indistinta los términos de reconocimiento e identificación facial no son lo mismo. Y estas diferencias se han expuesto con claridad en una guía práctica que ha editado, bajo el título Guía sobre estudios de identificación facial para jueces, fiscales e investigadores, el Grupo de Trabajo en Identificación Facial Red Laboratorios Forenses Oficiales de España en un documento publicado en su última revisión actualizada en marzo de 2021.
Se trata de una guía está elaborada por el grupo de trabajo en Identificación Facial de la RLFOE, formado por expertos en identificación facial de los distintos laboratorios forenses del territorio nacional, de los cuerpos de Policía Nacional, Guardia Civil, Mossos d'esquadra, Policía Foral de Navarra y Ertzaintza. Y el propósito del documento es dar a conocer a Jueces, Fiscales e investigadores, los fundamentos del estudio de identificación facial, también conocido como Estudio Fisonómico, el método empleado y los criterios de evaluación de los resultados obtenidos. Se trata de una importante herramienta que exige ser conocida por quienes luego van a operar con ella, en virtud de la valoración de prueba si ésta es utilizada en procedimientos penales. Nótese que los procedimientos técnicos de identificación facial pueden operar desde el punto de vista preventivo para controlar y comprobar, por ejemplo, si en un aeropuerto ha entrado alguna persona con búsqueda nacional o internacional por órganos judiciales y pueda ser detenida si es localizada. Pero luego podrá operar como prueba si es recabada su aportación por el Ministerio Fiscal en un procedimiento judicial. Y para ello, editar esta guía explicativa acerca de cómo es una identificación facial y las características de los sistemas técnicos es muy útil y práctico para el jurista.

medidas biométricas como el reconocimiento de la forma de andar o el reconocimiento de voz"[130].

La respuesta de la AEPD, digo, es negativa. Pero no categórica. Así, en el párrafo siguiente de la misma página establece que:

> "Por el contrario, la regulación actual se considera insuficiente para permitir la utilización de técnicas de reconocimiento facial en sistemas de videovigilancia empleados por la seguridad privada, al no cumplir los requisitos anteriormente señalados, siendo necesario que se aprobara una norma con rango de ley que justificara específicamente en qué medida y en qué supuestos, la utilización de dichos sistemas respondería a un interés público esencial, definiendo dicha norma legal, previa ponderación por el legislador de los intereses en pugna atendiendo al principio de proporcionalidad, todos y cada uno de los presupuestos materiales de la medida limitadora mediante reglas precisas, que hagan previsible al interesado la imposición de tal limitación y sus consecuencias, y estableciendo las garantías técnicas, organizativas y procedimentales adecuadas, que prevengan los riesgos de distinta probabilidad y gravedad y mitiguen sus efectos".

Por tanto, la respuesta negativa de la AEPD se debe no tanto a que se considere imposible que las empresas de seguridad privada realicen un tratamiento de datos biométricos, sino a que no hay una regulación adecuada que permita hacerlo. Se trata, en definitiva, de una decisión del legislador. La LSP es del 2014, ya se habían puesto en marcha las primeras versiones de la regulación europea de protección de datos y podía preverse este tipo de desenlace normativo para estas categorías especiales de datos. Además, puesto que la LSP es una Ley ordinaria, basta con una simple modificación del artículo 42 para incluir la posibilidad de que la seguridad privada pueda utilizar este tipo de tecnología de reconocimiento facial con todas las garantías previstas en el RGPD.

No dejan de surgir dudas legítimas, entiendo, en relación con la cada vez mayor autonomía de la que se quiere dotar a la seguridad privada. Si apostamos por este tipo de seguridad para la prevención de determinados delitos o daños a las personas y los bienes, lo lógico sería dotarla de herramientas e instrumentos adecuados para realizar sus funciones y para ello, no cabe duda, es necesario una Ley habilitante. La actual LSP nació ya obsoleta para ello por lo que, en mi opinión, es el momento de cambiarla. No sería suficiente una simple reforma puntual, sino una modificación sustancial de su contenido con una perspectiva nueva desde distintos puntos de vista. Desde lo que en estas líneas se está analizando, el uso de las más modernas tecnologías, lo adecuado sería una habilitación legal para el tratamiento de los datos personales, con todas las garantías, por supuesto.

---

130 AEPD (2019), informe 010308/2019, p. 31

La habilitación legal que en su caso se haga, huelga decirlo, deberá respetar, en cualquier caso, los principios reconocidos en el artículo 5 del RGPD, especialmente el de minimización de datos y el de proporcionalidad, con la configuración establecida por la jurisprudencia del TJUE, entre otras, en las sentencias de 8 de abril de 2014 (asuntos acumulados C-293/12 y C-594/12, *Digital Rights Ireland Ltd)* y 21 de diciembre de 2016 (asuntos acumulados C-203/15 y C-698/15, *Tele2 Sverige AB),* sobre el principio de minimización de datos o la dictada en el asunto C-817/19, *Ligue des droits humains,* de 22 de junio de 2021. Algo que no siempre se cumplen el caso de la seguridad pública.

Por otro lado, la propia resolución de la AEPD establece que existen supuestos excepcionales en los que sí estaría admitido el uso de estos sistemas de reconocimiento facial. En concreto, en el caso de infraestructuras críticas se dice lo siguiente:

> "Así, esta Agencia considera que existen supuestos excepcionales en los que podría quedar justificado el empleo de sistemas de reconocimiento facial siempre que la legislación, en los términos anteriormente señalados, así lo prevea, como podría ser el caso de las infraestructuras críticas, entendiendo por tales, conforme a la Ley 8/2011, de 28 de abril, por la que se establecen medidas para la protección de las infraestructuras críticas, aquéllas cuyo "funcionamiento es indispensable y no permite soluciones alternativas, por lo que su perturbación o destrucción tendría un grave impacto sobre los servicios esenciales". En este caso, la adecuada protección de las mismas tiene por finalidad garantizar la seguridad de los ciudadanos y el correcto funcionamiento de los servicios esenciales, por lo que la autorización por el legislador del empleo de técnicas de reconocimiento facial, estableciendo las garantías adecuadas, podría considerarse proporcional"[131].

Se trata, por consiguiente, de ponderar los diferentes riesgos y derechos en juego. En el caso de este tipo de infraestructuras sí estaría justificada la utilización de sistemas de reconocimiento o identificación facial dado que el riesgo objetivo es mucho mayor. La duda que se genera es si sería necesaria una modificación legislativa o con la actual sería suficiente. Según la AEPD debería preverse en la correspondiente LSP o Ley 8/2011, de 28 de abril, por la que se establecen medidas para la protección de las infraestructuras críticas (LIC). En mi opinión, sin embargo, la propia naturaleza de los riesgos que se pueden ocasionar justificaría el uso de esta tecnología en los términos establecidos en el artículo 9.2.g) del RGPD[132].

---

131 *Ibidem*, p. 32.

132 g) el tratamiento es necesario por razones de un interés público esencial, sobre la base del Derecho de la Unión o de los Estados miembros, que debe ser propor-

5.4. USO DE DRONES

Los drones son pequeños vehículos aéreos no tripulados muy funcionales, sobre todo desde el punto de vista de la seguridad, pero que pueden plantear importantes problemas, como se verá a continuación.

También denominados UAS, por sus siglas en inglés (*Unmanned Aircraft System*), este término, mucho más genérico, se refiere a cualquier vehículo aéreo no tripulado. Sin embargo, dentro de ese concepto más genérico podemos encontrar un amplio abanico de modalidades. Veamos a continuación lo que dice el Instituto Nacional de Técnica Aeroespacial (INTA), sobre estos aparatos:

> "Dichas aeronaves pueden ser completamente autónomas, programadas para realizar un patrón de vuelo y seguir unas directrices predefinidas o pueden comandarse por un piloto de manera remota mediante un enlace de datos. Éstas últimas son las que denominamos RPA (aeronave pilotada por control remoto) o RPAS (sistemas de aeronaves pilotadas por control remoto) que, por lo tanto, son un subgrupo dentro de los UAS. No todos los UAS son considerados RPAS, pero sí al contrario.
>
> RPAS es quizá el término más indicado para referirse a dichas plataformas, ya que son los únicos que pueden integrase junto al resto de tráficos tripulados en espacios aéreos no segregados y en aeródromos, según la normativa recogida en el Real Decreto 1036/2017. Es también el más empleado por la OACI ("Organización de Aviación Civil Internacional"). El espacio aéreo segregado es aquel, de dimensiones determinadas destinado para la explotación exclusiva de usuarios específicos, y el no segregado es el que comparte la aviación tripulada convencional, regulado por los controladores de tráfico aéreo de cada zona"[133].

Independientemente de sus características individuales, lo que queda fuera de toda duda es de que pueden ser considerados un arma de doble filo. Así, por un lado, pueden ser muy útiles desde diferentes puntos de vista, como ya se ha indicado más arriba, pues se pueden utilizar en distintos ámbitos, principalmente de la seguridad, como ahora veremos. Pero, desde otra perspectiva suponen un riesgo importante para otros bienes jurídicos que hay que proteger: la seguridad y la privacidad en sentido amplio.

---

cional al objetivo perseguido, respetar en lo esencial el derecho a la protección de datos y establecer medidas adecuadas y específicas para proteger los intereses y derechos fundamentales del interesado

133 Instituto Nacional de Técnica Aeroespacial (INTA), (2019), "¿UAV, UAS, RPAS o drones?", *Copernicus Relay*, a través del enlace: https://www.inta.es/INTA/es/blogs/copernicus/BlogEntry_1553849310660, consultado por última vez el 4 de enero de 2024

En los próximos epígrafes trataré de desarrollar estas ideas, es decir, la utilización de los RPA's como instrumentos muy útiles con fines de seguridad, especialmente la privada y como el Derecho ha tenido que poner algún tipo de límite para impedir que se vena vulnerados otros bienes jurídicos.

5.4.1. La utilización de drones para los servicios de seguridad privada

Como ya hemos indicado más arriba, el dron es un instrumento muy útil para realizar las labores propias de la seguridad privada. Por sus especiales características, su bajo coste, su funcionalidad, pequeño tamaño, etcétera se convierten en una herramienta muy adecuada para prestar estos servicios de seguridad propios del sector privado.

Así, son especialmente adecuados para realizar las labores a las que se refiere el artículo 5.1.a) de la LSP, es decir, "la vigilancia y protección de bienes, establecimientos, lugares y eventos, tanto públicos como privados, así como de las personas que pudieran encontrarse en los mismos". También se pueden utilizar en otros de los servicios previstos en el artículo 5 de la Ley que, como ya se ha indicado, son los servicios que, de manera tasada, pueden prestar las empresas y profesionales de la seguridad privada.

En cualquier caso, incidiendo en una idea que ya se ha puesto de manifiesto en más de una ocasión, lo cierto es que la limitación de las actividades y servicios a los que se pueden dedicar las empresas de seguridad privada impide un adecuado desarrollo del sector en ámbitos como el de la innovación tecnológica. Se trata de un mercado, en mi opinión, muy restringido.

En cualquier caso, como ya se ha señalado, la utilización de estos dispositivos resulta ideal para la vigilancia de determinadas infraestructuras que, por su tamaño difícil acceso u otras características similares, resultan especialmente complicadas. Así, centrales eléctricas, embalses, centros de datos, puertos y aeropuertos, por poner solo algunos ejemplos. Igualmente, pueden resultar muy útiles para prestar servicios de seguridad en eventos multitudinarios o, incluso, apoyo a escoltas privados.

En cualquier caso, los pilotos correspondientes deberán disponer, además de las correspondientes habilitaciones para desarrollar las funciones de seguridad privada, las necesarias para pilotar este tipo de aeronaves y que vienen recogidas en la normativa europea y nacional sobre drones, es decir, Reglamento de Ejecución (UE) 2019/947 de la Comisión, de 24 de mayo de 2019, relativo a las normas y los procedimientos aplicables a la utilización de aeronaves no tripuladas (RSAUE), Ley 21/2003, de 7 de julio, de Seguridad Aérea (LSA) o el Real Decreto 1036/2017, de 15 de diciembre, por el que se regula la utilización civil de las aeronaves pilotadas por control remoto, y se modifican el Real Decreto 552/2014, de 27 de junio, por el que se desarrolla el Reglamento del aire y disposiciones operativas comunes para los servicios y procedimientos de navegación aérea y el Real Decreto 57/2002, de 18 de enero, por el que se aprueba el Reglamento de Circulación Aérea (RSA).

La normativa en materia de drones es muy compleja pues establece un marco transitorio muy prolijo en función de los denominados Escenarios Estándares Nacionales (STS por sus siglas en inglés). No obstante, para realizar cualquier operación aérea con drones es necesaria una intervención administrativa, bien a través de declaraciones responsables o autorizaciones previas[134].

5.4.2. Los drones como amenazas a la seguridad

Acabo de referirme a como estos vehículos aéreos sin piloto pueden ser un buen aliado para las empresas y profesionales de la seguridad privada, para llevar a cabo algunos de los cometidos tasados a los que se refiere la LSP.

Pero, visto desde el envés, también plantean importantes problemas de seguridad pública, especialmente por su potencial utilización como instrumentos para cometer determinados delitos graves[135], o para poner en ries-

---

[134] Desde el 31 de diciembre de 2020, Todos los usuarios que pretendan volar un dron, tanto para fines profesionales como recreativos, deberán registrarse como operadores en la sede electrónica de AESA y obtener el número de operador según la normativa europea (apartado de registro de operador de UAS). Una vez obtenido el número de operador este debe incluirse en el dron de forma visible. Para volar un dron se debe tener un mínimo de formación acreditable en función de la categoría operacional en la que se opere. La formación y examen de conocimientos para poder operar un dron en categoría abierta, subcategorías A1 y A3, es accesible a través de la web de AESA (apartado de formación de pilotos UAS). La formación es telemática y gratuita y tras la superación del examen online AESA le expedirá un certificado.

[135] GONZÁLEZ BOTIJA, F., (2018), "Drones: seguridad pública y régimen sancionador", *Revista Vasca de Administración Pública*, núm., 111, pág. 274, "Efectivamente, el usuario del dron puede sin querer causar un daño o, por el contrario, puede deliberadamente desear atentar contra la seguridad colectiva. Por desgracia, la

go la seguridad de las denominadas infraestructuras críticas[136], o para el transporte de determinadas mercancías, por poner solo algunos ejemplos de lo que se puede hacer con estos aparatos.

En esta línea, el legislador ha limitado la utilización de estos RPA's, cuando se sobrevuelen determinadas instalaciones. Por ejemplo, solo se podrán realizar operaciones aéreas sobre centrales nucleares o instalaciones afectas a la defensa nacional o la seguridad del Estado con permiso previo y expreso del responsable de la infraestructura. Igualmente, cuando se pretenda sobrevolar instalaciones e infraestructuras críticas de los sectores estratégicos previstos en la Ley 8/2011, de 28 de abril, por la que se establecen medidas para la protección de las infraestructuras críticas (LIC), habrá de estarse a las prohibiciones o limitaciones que, en su caso, imponga el Secretario de Estado de Seguridad[137]. En definitiva, se trata de proteger determinadas instalaciones estratégicas para impedir que se ocasionen daños que podrían llegar a ser muy perjudiciales e irreversibles.

De la misma manera, se prohíbe el transporte de determinadas mercancías. En concreto, los objetos y substancias que se enumeran en la lista de

---

realidad se ha encargado ya de superar cualquier especulación teórica que queramos hacer y, por ello, las fuerzas de seguridad contemplan estos aparatos como un verdadero peligro contra la seguridad.

136 Ibidem, pág. 280, "la normativa ha previsto una serie de medidas para restringir el sobrevuelo de los drones sobre ciertas instalaciones y lo que se denomina el espacio aéreo limitado, que afecta igualmente a gran parte de las aeronaves (19). El espacio aéreo español está estructurado y regulado. Por ello se han previsto una serie de instalaciones y zonas estratégicas donde, por cierto, tradicionalmente se ha denunciado el vuelo no autorizado de estas aeronaves. Ciertamente era necesario una regulación sobre esta materia teniendo en cuenta que estas áreas pueden llegar a ser un objetivo prioritario para todos aquellos que han visto en los drones un instrumento ideal para cometer todo tipo de delitos y con el que penetrar obstáculos físicos hasta ahora infranqueables. Máxime si tenemos en cuenta que la tecnología va a permitir disponer de lo que se denomina los nano-drones, es decir, drones extremadamente pequeños. La solución que ha dado el legislador a este potencial problema es muy sencilla. Como no puede ser de otra manera se trata de restringir la libertad de vuelo, máxime ahora que, como ya sabemos, la nueva reglamentación ha abierto la mano en esta materia. Se trata de un contrapeso lógico que no se podía olvidar.

137 Véase, en este sentido, el artículo 32 del Real Decreto 1036/2017, de 15 de diciembre, por el que se regula la utilización civil de las aeronaves pilotadas por control remoto, y se modifican el Real Decreto 552/2014, de 27 de junio, por el que se desarrolla el Reglamento del aire y disposiciones operativas comunes para los servicios y procedimientos de navegación aérea y el Real Decreto 57/2002, de 18 de enero, por el que se aprueba el Reglamento de Circulación Aérea.

mercancías peligrosas de la última edición efectiva de las «Instrucciones Técnicas para el transporte sin riesgos de mercancías peligrosas por vía aérea» (Documento OACI 9284-AN/905), o que, si no figuran en dicha lista, están clasificadas con arreglo a dichas instrucciones, salvo autorización de la Agencia Estatal de Seguridad Aérea de conformidad con la normativa aplicable[138].

El legislador ha tratado, por tanto, de poner límites al uso de los drones para evitar que se utilicen con fines que puedan afectar a la seguridad. Así, para controlar el cumplimiento de esos límites, las Fuerzas y Cuerpos de Seguridad del Estado han creado equipos especiales como los PEGASO en la Guardia Civil (Policía Especialista en Gestión Aeronáutica y de Seguridad Operacional). La Policía Nacional y las policías locales también pueden controlar la adecuada utilización de estos dispositivos y del espacio aéreo. Aunque la potestad sancionadora corresponde, según la LSA, a la Agencia Española de Seguridad Aérea (AESA).

5.4.3. Los drones y la protección de datos

Las aeronaves dirigidas por control remoto no plantean, en principio, ningún problema relacionado con la protección de datos o la privacidad. Ocurre, sin embargo, que a estos aparatos se les puede incorporar fácilmente cámaras o micrófonos que pueden realizar tratamientos de datos personales y atentar contra la intimidad de las personas. Ya se ha indicado que su pequeño tamaño resulta idóneo para pasar desapercibidos y, por consiguiente, realizar esas actividades sin ser detectados, lo que resulta un importante avance para determinadas profesiones, en especial, seguridad e investigación privadas.

Lo importante, en lo que aquí interesa, por tanto, está en la posibilidad de adherir determinados sistemas al vehículo que le permita realizar determinados tratamientos de datos personales[139]. Así, en palabras de la AEPD, "Con carácter genérico por lo tanto un dron será un vehículo aéreo

---

138 Así lo indica el artículo 31 de la norma a la que me refería en la nota a pie anterior.

139 La cuestión esencial, según el GRUPO DE TRABAJO DEL ARTÍCULO 29 SOBRE PROTECCIÓN DE DATOS (2015), en su *Dictamen 1/2015, sobre la privacidad y la protección de datos en relación con la utilización de aviones no tripulados (drones)*, pág. 5, "Sin duda, el tratamiento de datos personales mediante drones tiene un carácter particular debido al punto de observación único que magnifica la efectividad de cualquier sensor a bordo e implica una menor transparencia y mayor intrusión en la privacidad en comparación con un sensor fijo similar, pese a sus similitudes

que puede pertenecer a distintas categorías y con capacidades muy distintas. Como tal vehículo puede llevar, o no, sistemas de procesamiento de información (procesamiento de datos en general) de muy diversos tipos: sistemas de grabación de imagen, sistemas de detección (sensores ópticos o electrónicos, infrarrojos, de humos etc.), equipos de radiofrecuencia (antenas para capturar emisiones de radio o de wi-fi) etc. Lo relevante en el presente caso a efectos de la AEPD será el equipamiento de captación y procesamiento de datos que lleve el dron y el consiguiente posterior tratamiento de estos"[140].

En el momento en el que el dron utilice estos sistemas de tratamiento de información "para recoger imágenes, sonidos, datos de geolocalización o cualquier otra señal electromagnética relacionada con una persona física identificada o identificable llevada a cabo por el equipo a bordo de un dron determinará la existencia de un tratamiento de datos y en consecuencia la aplicación de la legislación de protección de datos"[141].

Como resulta fácilmente comprensible, esto tiene unas implicaciones muy importantes para los operadores de estos vehículos aéreos, pues no solo deben cumplir los requisitos sobre seguridad aérea, sino también sobre protección de datos.

Se ha de indicar, por otro lado, algo a lo que ya hemos hecho referencia más arriba: la diferente normativa aplicable en función de si el tratamiento es realizado por las fuerzas y cuerpos de seguridad del Estado o por una empresa privada (de seguridad privada, en lo que aquí me refiero). En el primer caso, las normas son mucho más flexibles y permisivas con los responsables de tratamiento (Directiva 680/2016)[142] que en el segundo (RGPD), de lo que se deriva una gran diferencia entre el sector público y el sector privado. De hecho, como ya se ha puesto de manifiesto en este mismo trabajo, la realización de videovigilancia en la vía pública está reservada a las fuerzas y cuerpos de seguridad del Estado, pues solo

---

aparentes —téngase en cuenta, por ejemplo, la vigilancia por vídeo mediante un dron frente al uso de una cámara de CCTV fija—.

140 Informe del Gabinete Jurídico de la AEPD sobre el uso de drones y protección de datos, pág. 2. Curiosamente, el informe al que me estoy refiriendo no está fechado ni numerado, por lo que no resulta fácil citarlo. No obstante, es fácil de encontrar en una simple búsqueda en internet.

141 Ibidem, pág. 3.

142 Aunque también los riesgos son mucho mayores, según dispone el GRUPO DE TRABAJO DEL ARTÍCULO 29 SOBRE PROTECCIÓN DE DATOS (2015), op. cit. pág. 1.

por la legitimación basada en la LOPSC se puede llevar a cabo. No obstante, esta labor de videovigilancia podrá ser realizada en colaboración con la seguridad privada, en cuyo caso se seguirá aplicando la Directiva 680/2016[143]. Esto, pienso, debe ser revisado y sometido a una reflexión sobre el papel de la seguridad privada en el concepto más amplio de seguridad.

En otro orden de cosas, las circunstancia de que sea un vehículo de estas características el que realice el tratamiento de datos puede suponer especialidades en cuanto al cumplimiento de determinadas obligaciones como la de información contenida en los artículos 12 y 13 del RGPD. El deber de informar a los potenciales titulares de los datos afectados puede ser complicado habida cuenta de la misma dificultad de ver el aparato y, por tanto, identificar al responsable o encargado de tratamiento, en su caso[144]. Esto genera, igualmente, problemas para obtener, en su caso, el consentimiento

---

143 CEBRIÁN BELTRÁN, S., (2022), "Nuevos desafíos en el ámbito de la videovigilancia por las fuerzas y cuerpos de seguridad desde la perspectiva de la LO 7/2021: El difícil equilibrio entre la seguridad y la protección de datos", *Estudios de Deusto,* Vol. 70/1, enero-junio, pág. 229, "Esta disposición es aplicable no solo a las videocámaras propias de las Fuerzas y Cuerpos de Seguridad, sino que se hace extensiva a aquellas de las que no sean titulares y exista, por su parte, un control y dirección efectiva del proceso completo de tratamiento. Esto se relaciona con el ámbito de la cesión de imágenes que pudiera hacerse desde la seguridad privada a la seguridad pública.21 Pues, obviamente, los mecanismos de colaboración entre la seguridad pública y la seguridad privada no pueden quedar exentos de la debida ponderación de los derechos fundamentales en juego".

144 Sobre las dificultades para informar, véase MARTÍNEZ VÁZQUEZ DE CASTRO, L. y CORDERO CUTILLAS, I. (2023), "Algunas consideraciones sobre los drones y su impacto en el Derecho Civil", *Revista de Estudios Jurídicos y Criminológicos,* núm. 7, págs. "[...] cumplir con dicho deber de información puede resultar complicado. Una propuesta interesante es la formulada por la Agencia Catalana de Protección de Datos (ACPD), en su informe CNS 12/2014, de 17 de marzo de 2014. Este defiende que se podría informar a los afectados a través de la colocación de carteles informativos, tomando como referencia el modo previsto en el anexo de la Instrucción, 1/2009, de 10 de febrero, sobre el tratamiento de datos de carácter personal mediante cámaras con fines de videovigilancia (DOGC nº 5322, de 19 de febrero)13. Sin embargo, para los drones destinados a fines recreativos, cumplir con dicho deber de información resulta excesivamente gravoso. Es, por esta razón, que la opción adoptada en Francia es atractiva. Conforme con el folleto informativo, elaborado y distribuido por el Ministerio del Medio Ambiente, resulta suficiente (cuando el dron está equipado con una cámara u otro dispositivo capaz de registrar datos) que se informe a las personas físicas, que se encuentran dentro de su alcance, y se responda a sus preguntas con el fin de obtener su consentimiento.

del interesado necesario para empresas privadas de seguridad que no se pueden amparar en la LOPSC para llevar a cabo el tratamiento correspondiente.

Juega un papel esencial en este ámbito, según entiendo, el principio de minimización y proporcionalidad de los datos, así como el de privacidad por defecto y privacidad en el diseño, que se han convertido, como ya se ha puesto de manifiesto, en verdaderos límites frente a los abusos que pueden derivarse de las aplicaciones de estas tecnologías[145].

5.5. TECNOLOGÍAS DISRUPTIVAS Y SEGURIDAD PRIVADA

En los epígrafes inmediatamente anteriores me he referido al uso de tecnologías más o menos implantadas en el ámbito de la seguridad, tanto pública como privada. En los siguientes epígrafes, sin embargo, voy a referirme a tecnologías que están en pleno desarrollo en la actualidad y que pueden suponer un importante avance en el sector, sin perjuicio de los posibles riesgos.

En esta línea, y en el bien entendido que tanto la videovigilancia como los drones, que ya son tecnologías implantadas, puedan verse afectadas por estas tecnologías disruptivas, lo cierto es que, según considero, merecen una mención aparte por su indudable potencial. Así, voy a analizar cómo puede verse afectado el sector de la seguridad privada por las siguientes tecnologías[146]:

- Internet de las cosas.
- *Big Data*
- *Blockchain* y Tecnologías de Registro Distribuido
- Inteligencia Artificial (AI)
- Computación cuántica

---

145 Ibidem, pág. 133

146 Las tecnologías que se mencionan a continuación condicional decisivamente y acentúan muchos de los viejos retos a los que la regulación digital se ha venido enfrentando, según señala GARCÍA MEXIA, P. Y VILLARINO MARZO, J., (2021), *¿Qué sociedad digital queremos? Alternativas regulatorias para una Europa digitalmente soberana*, Wolters Kluwer

5.5.1. Internet de las cosas (IoT)

El "Internet de las Cosas" (IoT, por sus siglas en inglés), implica una evolución en la relación de las personas con los objetos que les rodean. O, incluso, entre los objetos por sí mismos, sin necesidad de que interactúen con personas. Este concepto, propuesto ya en el año 1999 por Kevin Ashton, implica un mundo totalmente conectado a internet a través de distintos dispositivos.

Esta tecnología consiste, sin ir más lejos, en que los objetos tengan conexión a internet en cualquier momento o lugar. Desde el punto de vista técnico supone dotar a los diferentes objetos cotidianos de sensores y dispositivos que les permitan estar conectados a Internet a través de redes fijas e inalámbricas[147].

El Grupo de Trabajo del Artículo 29 de la Directiva 95/46, hoy Comité Europeo de Protección de Datos, la define en su Dictamen 8/2014 sobre la evolución reciente de la Internet de los objetos[148], como "una infraestructura en la que miles de millones de sensores incorporados a dispositivos comunes y cotidianos («objetos» como tales, u objetos vinculados a otros objetos o individuos) registran, someten a tratamiento, almacenan y transfieren datos y, al estar asociados a identificadores únicos, interactúan con otros dispositivos o sistemas haciendo uso de sus capacidades de conexión en red. Dado que la IO se basa en el principio del tratamiento amplio de los datos mediante estos sensores diseñados para comunicar datos de manera inadvertida e intercambiarlos de manera fluida, está estrechamente relacionada con las nociones de informática «generalizada» y «ubicua»"[149].

Desde el punto de vista de la seguridad, esta tecnología supone un incremento en la recopilación de información. Dado la multiplicidad de dispositivos conectados a la red, la cantidad de datos que se vierten es mucho mayor, por lo que también será mayor la posibilidad de análisis y tratamiento. En su caso, para detectar determinadas conductas o, incluso, pero a esto me referiré más adelante pues implica el uso de otras tecnologías, a predecir comportamientos. En esta línea, resulta importante hacer refe-

---

147 PUYOL MONTERO, J. (2018), "Internet de las cosas", en DE LA QUADRA SALCEDO Y FERNÁNDEZ DEL CASTILLO, T y PIÑAR MAÑAS, J. L., *Sociedad Digital y Derecho*, op. cit., pág. 320.

148 GRUPO DE TRABAJO SOBRE PROTECCIÓN DE DATOS DEL ARTÍCULO 29 (2014), "Dictamen 8/2014 sobre la evolución reciente de la Internet de los objetos"

149 Ibidem, pág. 4.

rencia a la Estrategia Europea de Datos[150], publicada en febrero de 2020, que prevé un incremento exponencial de los datos que se producen en el mundo[151], así como la regulación prevista para su reutilización, en su caso, que se encuentra actualmente en el Reglamento (UE) 2022/868 del Parlamento Europeo y del Consejo de 30 de mayo de 2022 relativo a la gobernanza europea de datos y por el que se modifica el Reglamento (UE) 2018/1724 (Reglamento de Gobernanza de Datos).

Por tanto, desde el punto de vista de la seguridad, esta tecnología es especialmente interesante para utilizarla con otras a las que luego me referiré. En concreto *Big Data* e Inteligencia Artificial. Desde una perspectiva estrictamente cronológica, el IoT resulta el paso previo necesario, es decir, la recopilación de datos e información que, almacenados, constituyen un Big Data. De esa información se nutre la Inteligencia Artificial para llevar a cabo su función. Y si añadimos una variable más, la computación cuántica, los resultados pueden superar a la literatura y el cine de ciencia ficción más distópico que podamos imaginar.

Por otro lado, resulta necesario hacer referencia cuando me refiero a esta tecnología, a la evolución que ha sufrido en los últimos años, pasando a ocupar parte de nuestros cuerpos. Así, tal y como ha puesto de manifiesto la AEPD, "La aparición de cada vez más dispositivos conectados que podemos usar para controlar aspectos relativos al bienestar y la salud llevándolos con nosotros, ha dado lugar al concepto de Internet de los Cuerpos (Internet of Bodies, IoB) o cuerpo conectado. El uso de estos dispositivos para monitorizar distintos parámetros de nuestro cuerpo tiene como

---

150 COMUNICACIÓN DE LA COMISIÓN al Parlamento Europeo, al Consejo, al Comité Económico y Social Europeo y al Comité de las Regiones, "Una Estrategia Europea de Datos", COM/2020/66 final.

151 Ibidem, "El volumen de datos producidos en el mundo está creciendo rápidamente, desde 33 zettabytes en 2018 hasta una previsión de 175 zettabytes en 2025. Cada nueva serie de datos representa una gran oportunidad para que la UE se convierta en un líder mundial en este ámbito. Además, el modo en que se almacenan y tratan los datos cambiará radicalmente en los próximos cinco años. Actualmente, el 80 % del tratamiento y el análisis de los datos tiene lugar en centros de datos y en instalaciones informáticas centralizadas, y el 20 %, en objetos conectados inteligentes, como coches, electrodomésticos o robots de fabricación, y en instalaciones informáticas próximas al usuario («computación en el borde»). De aquí a 2025, es probable que estas proporciones se inviertan. Al margen de las ventajas económicas y de sostenibilidad que presenta esta evolución, se abren nuevas oportunidades para que las empresas desarrollen herramientas destinadas a que los productores de datos aumenten el control sobre sus propios datos".

resultado el tratamiento de datos biométricos y de salud con indudables ventajas, pero también implica riesgos para la privacidad y, en determinadas circunstancias, pueden llegar a comprometer la integridad física de la persona usuaria. [...], Se puede definir conceptualmente el Internet de los Cuerpos como el uso de dispositivos conectados a Internet que monitorizan y/o actúan sobre todas o algunas de nuestras constantes vitales y otros datos biométricos, así como otros indicadores de salud como actividad física, calidad del sueño, actividad deportiva o sedentarismo. Todo esto son datos personales que van a ser analizados, explotados, almacenados, y en definitiva procesados de muy diversas formas, por diferentes personas responsables y encargadas del tratamiento. Este cambio conceptual permite comprender que en determinadas circunstancias los sensores y dispositivos, a pesar de pertenecer al ámbito del IoT, no monitorizan 'cosas', sino que cuantifican personas"[152].

Por último, es necesario referirse, como ya se ha hecho en otro lugar de este trabajo, a qué régimen jurídico en materia de tratamiento de datos es aplicable. Y como también se ha dicho más arriba, si se trata de seguridad privada, se aplicará el RGPD, mientras que, si son las fuerzas y cuerpos de seguridad del Estado con finalidad de detección, prevención o enjuiciamiento de infracciones penales, será aplicable la Directiva 2017/680, mucho más flexible en lo que se refiere a exigir obligaciones a los responsables y encargados de tratamiento o reconocer derechos a los titulares de los datos personales.

5.5.2. El "Gran Caladero" de información: Big Data

Como consecuencia, precisamente, de tecnologías como el IoT, las bases de datos se alimentan cada vez con más información y datos sobre nuestra vida. Tanto profesional como personal. Toda esa información se va recopilando, diariamente, procedente de la enorme cantidad de dispositivos conectados, de los que hacemos uso diariamente. Ya se sabe de sobra cuales son: teléfonos móviles, relojes inteligentes, navegación en internet (*cookies*), cámaras de videovigilancia, etc.

Resulta especialmente interesante la definición de *Big Data* que ofreció en el año 2013 el Instituto Español de Estudios Estratégicos en un Docu-

---

152 AGENCIA ESPAÑOLA DE PROTECCIÓN DE DATOS, (2021), "IoT (II): Del Internet de las Cosas al Internet de los Cuerpos", Blog, https://www.aepd.es/prensa-y-comunicacion/blog/iot-ii-del-iot-al-iob, última consulta el 7 de febrero de 2024.

mento de Investigación (03/2013) sobre la aplicación del Big Data en los entornos de defensa y seguridad. Allí se ponía de manifiesto que: "Big Data no es una tecnología en sí misma, sino más bien un planteamiento de trabajo para la obtención de valor y beneficios de los grandes volúmenes de datos que se están generando hoy en día. Se deben contemplar aspectos como los siguientes:

— Cómo capturar, gestionar y explotar todos estos datos.

— Cómo asegurar estos datos y sus derivados, así como su validez y fiabilidad.

— Cómo disponer la compartición de estos datos y sus derivados en la organización para la obtener mejoras y beneficios.

— Cómo comunicar estos datos y sus derivados (técnicas de visualización, herramientas, y formatos) para facilitar la toma de decisión y posteriores análisis"[153].

Dentro de las capacidades técnicas que comprende, podemos mencionar las siguientes: adquisición de datos[154], transmisión, almacenamiento y procesado, presentación, tratamiento automático y explotación de datos (aprendizaje y toma de decisión automáticos).

Desde el punto de vista de la seguridad, los usos de este procedimiento de trabajo son especialmente interesantes. Así, siguiendo el trabajo elaborado por el IEEE, podemos señalar, sin ánimo de ser exhaustivo, los siguientes:

— Detección de intrusión física en grandes espacios o infracstructuras abiertas

— Computación sobre información cifrada

— Análisis automático de vulnerabilidades de red (máquinas-tráfico de datos

— Criminología Computacional

---

153 INSTITUTO ESPAÑOL DE ESTUDIOS ESTRATÉGICOS (2013), Documento de Investigación 03/2013, "Big Data en los entornos de defensa y seguridad", pág. 9.

154 Ibidem, pág. 9, "Una de las principales razones de la actual "explosión de la información digital" es la evolución exponencial en el número y capacidad de los sistemas de adquisición de datos. Esta evolución tiene una clara raíz tecnológica: la mejora, abaratamiento y miniaturización de estos sistemas, tanto de los sensores cómo de la electrónica asociada, y en particular de su conexión a la red Internet".

— Uso fraudulento de recursos corporativos y/o sensibles

— Análisis de vídeo en tiempo real / búsqueda y recuperación rápida en librerías de vídeo

— Inteligencia Visual en Máquinas

— Identificación de anomalías, patrones y comportamiento en grandes volúmenes de datos

— Análisis de texto (estructurado y no estructurado) como apoyo a la toma de decisión en tiempo real en entornos intensivos en datos

— Consciencia situacional

— Traducción automática gran escala (en número de idiomas y en volumen)

— Predicción de eventos

Los principales retos de esta forma de tratar datos a gran escala tienen que ver, como es lógico, de nuevo, con la protección del derecho fundamental a la protección de datos. Muchos de esos datos serán anónimos (no datos) y por tanto su libre circulación será libre, al menos en la Unión Europea, en los términos previstos en el Reglamento (UE) 2018/1807 del Parlamento Europeo y del Consejo, de 14 de noviembre de 2018, relativo a un marco para la libre circulación de datos no personales en la Unión Europea, a la que hay que añadir el Reglamento (UE) 2023/2854 del Parlamento Europeo y del Consejo, de 13 de diciembre de 2023, sobre normas armonizadas para un acceso justo a los datos y su utilización, y por el que se modifican el Reglamento (UE) 2017/2394 y la Directiva (UE) 2020/1828 (Reglamento de Datos). Esta norma viene a complementar al Reglamento (UE) 2022/868 del Parlamento Europeo y del Consejo de 30 de mayo de 2022 relativo a la gobernanza europea de datos y por el que se modifica el Reglamento (UE) 2018/1724 (Reglamento de Gobernanza de Datos). Estos dos últimos textos normativos forman parte de lo que se ha venido en denominar la Estrategia Europea del Dato[155], es decir, un mercado único del dato donde:

---

155 De acuerdo con lo previsto en la COMUNICACIÓN DE LA COMISIÓN AL PARLAMENTO EUROPEO, AL CONSEJO, AL COMITÉ ECONÓMICO Y SOCIAL EUROPEO Y AL COMITÉ DE LAS REGIONES (2020) "Una Estrategia Europea de Datos", COM(2020) 66 final: "En los últimos años, las tecnologías digitales han transformado nuestra economía y nuestra sociedad, afectando a todos los sectores de actividad y a la vida diaria de todos los europeos. Los datos están en el centro de esta transformación, y va a ir a más. La innovación basada en los datos

- los datos puedan circular por toda la UE y entre sectores, en beneficio de todos
- se respeten plenamente las normas europeas, en particular en materia de privacidad y protección de datos, así como la legislación sobre competencia
- las normas para el acceso a los datos y su utilización sean justas, prácticas y claras

La libre circulación de esos datos se convierte en un elemento esencial para la innovación tecnológica que se viene en los próximos años y que está relacionada con los sistemas de inteligencia artificial. Como es lógico, estos se tienen que nutrir de información adecuada para cumplir su función. Pues bien, de eso se trata la Estrategia Europea del Dato, es decir, de permitir que esos datos fluyan por todo el territorio de la Unión sin trabas y con un marco jurídico adecuado. Conviene aclarar, no obstante, que estas normas se refieren a datos no personales, es decir, que no pueden identificar a una persona física, en los términos señalados por el artículo 3 del RGPD[156]

Como se puede deducir fácilmente, la seguridad privada podría sacar un importante provecho en la aplicación de estas formas de trabajar, especialmente si se trata de datos no personales. Si se tiene en cuenta que

---

reportará enormes beneficios a los ciudadanos, por ejemplo, mediante la mejora de la medicina personalizada, la nueva movilidad y su contribución al Pacto Verde Europeo. En una sociedad en la que las personas generarán cantidades cada vez mayores de datos, la manera en que se recogen y utilicen los datos debe situar los intereses de la persona en primer lugar, de conformidad con los valores, los derechos fundamentales y las normas europeos. Los ciudadanos solo confiarán y harán suyas las innovaciones basadas en los datos si confían en que todo intercambio de datos personales en la UE estará sujeto al pleno respeto de sus estrictas normas en materia de protección de datos. Al mismo tiempo, el volumen cada vez mayor de datos industriales no personales y de datos públicos en Europa, junto con el cambio tecnológico en el modo de almacenamiento y tratamiento de los datos, constituirá una fuente potencial de crecimiento e innovación que debe aprovecharse".

156 La definición de datos personal que se recoge en el artículo 3 del RGPD es la siguiente: "toda información sobre una persona física identificada o identificable («el interesado»); se considerará persona física identificable toda persona cuya identidad pueda determinarse, directa o indirectamente, en particular mediante un identificador, como por ejemplo un nombre, un número de identificación, datos de localización, un identificador en línea o uno o varios elementos propios de la identidad física, fisiológica, genética, psíquica, económica, cultural o social de dicha persona"

las empresas y profesionales de seguridad dedican sus esfuerzos a la prevención, el procesamiento masivo de datos podría permitir un aprovechamiento de los recursos mucho más eficiente, pues podrían concentrarse en aquellos lugares donde, según la información tratada, los riesgos son más altos.

Si la utilización de recursos limitados es un problema para la seguridad pública, para la seguridad privada es un requisito necesario para la propia existencia pues, como cualquier empresa, su finalidad legítima es el rendimiento económico. De ahí que resulte muy útil, casi imprescindible, concentrar los recursos donde los riesgos son mayores, para conocer esto el *Big Data* resulta esencial.

5.5.3. Computación en la nube

Uno de los principales problemas derivados de la recopilación de cada vez mayores cantidades de datos tiene que ver con su almacenamiento y la disponibilidad de los datos para su tratamiento. Bien, pues a resolver este problema parece llamada esta tecnología, en la medida en que permite, "como modelo de acceso, [...] usarse desde cualquier dispositivo y lugar; como modelo de infraestructura, la capacidad es elástica y como modelo de costes, solo se paga por el uso realizado, eliminando costes fijos"[157].

La computación en la nube[158] permite a las empresas recudir drásticamente los gastos y almacenar fácilmente grandes cantidades de informa-

---

[157] TORRES, J. (2015), "La nube, el Big Data y la ciencia", Revista de Ciencias y humanidades de la Fundación Ramón Areces, núm. 14, pág. 20.

[158] JOYANES AGUILAR, L., (2012), "Computación en la nube", *Revista del Instituto Español de Estudios Estratégicos,* núm. 0, pág. 94: "El modelo de la nube, según NIST, se compone de cinco características esenciales, tres modelos de servicio y cuatro modelos de despliegue. Las características fundamentales son:

— Autoservicio bajo demanda. Un consumidor puede proveerse unilateralmente de tiempo de servidor y almacenamiento en red, a medida que lo necesite; sin requerir interacción humana con el proveedor del servicio.

— Acceso ubicuo a la Red. Se realiza mediante mecanismos estándares, que promueven el uso por plataformas de clientes delgados (teléfonos móviles, computadoras portátiles, PDAs, tabletas).

— Distribución de recursos independientes de la posición. Los recursos de computación del proveedor son agrupados ("pooled") para servir a múltiples consumidores utilizando un modelo multi-distribuido ("multitenant") con diferentes recursos físicos y virtuales asignados y reasignados dinámicamente conforme a la demanda del consumidor. Existe una sensación de independencia de la posición, de modo que el cliente, normalmente, no tiene control ni conocimiento sobre la

ción. Lo que resulta especialmente útil cuando se quiere usar para tratar información de cara a prestar servicios de seguridad privada por empresas o profesionales que no tienen una gran infraestructura de Tecnologías de la Información.

Desde la perspectiva de las empresas de seguridad privada, esta infraestructura ofrece una posibilidad muy interesante para implementar nuevas aplicaciones y desarrollar tecnologías tendentes a lograr una posición adecuada en el mercado, permitiendo la innovación, el desarrollo de nuevos servicios adaptados a las necesidades particulares de cada cliente, etcétera. Supone, en definitiva, una oportunidad para lograr altos niveles de competitividad entre las empresas de seguridad privada.

Sin embargo, como ya he tenido ocasión de señalar más arriba, la LSP no ofrece las condiciones adecuadas para que el mercado de la seguridad privada despegue. Las empresas del sector no tienen libertad para ofrecer cualquier tipo de servicios más allá de los expresamente tasados en la Ley. No se permiten realmente la innovación ni el desarrollo del sector. El mercado está muy limitado.

De acuerdo con lo que ya se ha señalado en otro lugar de este trabajo, es necesario una reforma de la legislación de la seguridad privada para favorecer el uso de esta y otras tecnologías por las empresas y profesionales del sector. Incluso, como ya se ha defendido, la aprobación de una norma comunitaria, preferentemente directiva, según opino, que armonice la legislación en la materia, estableciendo las condiciones mínimas necesarias para que las empresas de seguridad privada de la Unión puedan ofrecer servicios innovadores y atractivos, tanto al sector público como al sector privado. El nicho de mercado, según considero, es enorme.

---

posición exacta de los recursos proporcionados. Pero podría especificarla a un nivel más alto de abstracción (país, región geográfica o centro de datos). Ejemplos de recursos incluyen almacenamiento, procesamiento, memoria, ancho de banda de la red y máquinas virtuales.

— Elasticidad rápida. Las funcionalidades ("capabilities") se pueden proporcionar de modo rápido y elástico, en algunos casos automáticamente. Sus características de aprovisionamiento dan la sensación de ser ilimitadas y pueden adquirirse en cualquier cantidad o momento.

— Servicio medido. Los sistemas de computación en la nube controlan y optimizan automáticamente el uso de recursos, potenciando la capacidad de medición en un nivel de abstracción apropiado al tipo de servicio (almacenamiento, procesamiento, ancho de banda y cuentas activas de usuario). El uso de recursos puede ser monitorizado, controlado e informado, proporcionando transparencia para el proveedor y para el consumidor

Y ello, como también se ha explicado, no supone un conflicto con la seguridad pública. Al contrario, ambas coadyuban a un objetivo común y general: la seguridad de todos. La seguridad privada con limitaciones importantes en relación con el uso de la fuerza y la coacción está claro. Pero desde la perspectiva de la prevención el sector privado de la seguridad tiene una importante labor por delante, si le permiten actuar en un mercado competitivo. Todo ello, como es lógico, con pleno respeto a los derechos fundamentales y a las libertades públicas.

5.5.4. La llegada de la computación cuántica

Hasta ahora hemos venido hablando de tecnologías que ya están aquí, entre nosotros. Pero hay otras que están por venir y prometen revolucionar todo lo que hasta ahora se ha analizado. Quizás no se cumplan las expectativas, como ha ocurrido en otras ocasiones. Debemos ser conscientes, como juristas, que el Derecho tiene herramientas suficientes para adaptarse a las novedades sin necesidad de aprobar normas a cada momento[159]. El proceso normativo, la creación del Derecho escrito ha de ser, en mi opinión, un proceso reflexivo que lleva su tiempo. Algo a lo que no estamos acostumbrados en esta sociedad de inmediatez y celeridad. Además, debería canalizarse adecuadamente, según entiendo, la participación de la sociedad civil en estos procesos para que no quede al margen de la intervención pública en el desarrollo tecnológico[160].

Pues bien, parece que en los próximos años se va a implantar una tecnología capaz de incrementar exponencialmente la capacidad de procesamiento y tratamiento de la información. Lo que implica un desarrollo

---

159 VELASCO NÚÑEZ, E., (2020), "Investigación penal y protección de datos", *El Cronista del Estado Social y Democrático de Derecho,* nº. 88-89, pág. 136, "Los reguladores, los legisladores, primero observan el devenir de las industrias y sus consecuencias en la sociedad, y después ponen los límites al progreso que supone toda transformación, para ordenarlo".

160 VILA SEOANE, M., (2018), "Digitalización, automatización y empresas transnacionales de seguridad privada en áreas con capacidad estatal limitada", *Revista de Relaciones Internacionales, Estrategia y Seguridad,* Bogotá, Vol. 13 N.° 2 — Julio-diciembre, pág. 267.: Por último, el diseño de sistemas de vigilancia por parte de estas empresas transnacionales es algo que no está abierto a la sociedad civil, que podría intervenir en los procesos de construcción de tales tecnologías con el fin de asegurar, en su funcionamiento, el respeto de los derechos humanos. Por ende, se trata de un nuevo déficit democrático causado por el incremento de complejos sistemas tecnológicos diseñados por pocas empresas transnacionales, puesto que se reduce el espacio en el que la seguridad es un bien público y no uno privado.

exponencial de otras tecnologías como la que acabamos de menciona en el apartado anterior, esto es, la IA[161].

En esta línea, en la medida en que mejore la eficacia y eficiencia de los sistemas de inteligencia artificial, mejorarán, parece lógico, las aplicaciones que de esta tecnología se hace en el ámbito de la seguridad y a las que ya me he referido más arriba: predicción y evaluación de riesgos, reconocimiento facial, sensores biométricos, etcétera[162].

Pero en la misma medida, según entiendo, se incrementarán los riesgos a los que me he referido más arriba. Especialmente, cuando la computación cuática se una a otras tecnologías como la inteligencia artificial. La elaboración de perfiles, la clasificación de potenciales delincuentes y la predicción de comportamientos humanos, entre otras aplicaciones, puede poner en riesgo, según mi opinión, la propia existencia del ser humano tal y como hoy lo conocemos, con capacidad de decisión sobre sus propios actos, libre desarrollo de su personalidad y, en definitiva, dignidad. No es una cuestión menor, como es fácilmente comprensible. Los riesgos han sido magníficamente descritos en un relato del año 1956 escrito por Philip

---

161 RODRÍGUEZ DÍAZ, F., (2022), "Inteligencia Artificial en el ámbito de la Computación Cuántica", *MOLEQLA. Revista de Ciencias de la Universidad Pablo de Olavide,* núm. 46, pág. 39, "La computación cuántica es un terreno totalmente distinto de la informática y computación clásica, que se basa en el uso de los *cubits.* Los *cubits* son bits que gracias a la superposición cuántica pueden tener un valor de 0 o 1 al mismo tiempo. Esto permite llevar a cabo varias operaciones a la vez. [...] La computación cuántica aporta diversas ventajas a la inteligencia artificial. Una de estás ventajas es la generación de números verdaderamente aleatorios a través de puertas lógicas cuánticas *Hadamard* sobre una cadena de N *cubits,* que no son capaces de generarse con un equipo clásico. Otra ventaja son los beneficios que aporta al proceso de optimización, algunos de los métodos que se benefician de estas ventajas son el método de Monte Carlo, el paseo aleatorio o el recocido simulado. Una última ventaja, es que la versión cuántica de ciertos algoritmos clásicos han demostrado ser más rápido, pudiendo así resolver problemas más complejos".

162 CANALS, A., (2023), "Innovación cuántica: ¿la próxima ola de transformación digital?", *Oikonomics, Revista de los Estudios de Economía y Empresa,* núm. 20, pág. 5, "Muchas de las aplicaciones de la inteligencia artificial suponen un proceso de optimización combinatoria de grandes cantidades de datos que sirvan para afinar nuestras predicciones y tomar decisiones más esmeradas. Se puede pensar, por ejemplo, en el reconocimiento facial o la detección del fraude. La computación cuántica abre muchas oportunidades en este ámbito también, a pesar de que quizás la realización práctica está todavía un poco lejos. No obstante, actualmente se está trabajando en el llamado *quantum machine learning* en la identificación de modos con los que los algoritmos cuánticos puedan ayudar a mejorar las técnicas de inteligencia artificial"

K. Dick titulado *The Minority Report* y que fue posteriormente llevado al cine por el director Steven Spielberg, en una película del año 2002, con el mismo nombre, en la que existe un departamento de policía denominado de "precrimen", son capaces de prever, con bastante exactitud, si se va a producir un determinado delito.

Es esencial, en este sentido, pretendo reivindicar, con toda humidad, una visión de la tecnología basada en el ser humano, con pleno respeto a los derechos fundamentales en su interpretación más garantista y extensa posible. Solo así se logrará preservar la tan ansiada dignidad y libertad, que tantos siglos nos ha constado alcanzar y tanto esfuerzo garantizar.

Entiendo que no se trata de tener miedo a la computación cuántica, sino de conocer los riesgos y prever los posibles daños, evitando que se concreten. Llevamos mucho avanzado en este sentido, sobre todo en la Unión Europea, con la normativa sobre protección de datos y el proyecto de reglamento sobre inteligencia artificial, que se aprobará en los próximos meses. Acercarnos a la tecnología con las cosas claras, con una visión antropocéntrica, siendo conscientes del lugar que ocupan los derechos fundamentales y las libertades públicas en la interpretación que sobre estos han hecho los tribunales internacionales como el Tribunal Europeo de Derechos Humanos (TEDH) y el Tribunal de Justicia de la Unión Europea (TJUE) es esencial, en mi modesta opinión.

5.6. LAS TECNOLOGÍAS DISRUPTIVAS Y LA INVESTIGACIÓN PRIVADA

5.6.1. La regulación de la investigación privada en España

La actividad de investigación privada está regulada en nuestro país en la LSP, a la que nos hemos venido refiriendo en este trabajo. Y ello, pese a que tengan muy poco que ver ambas actividades, la seguridad y la investigación. Ambas son privadas, sí, pero muy diferentes entre sí y con objetivos distintos. Pese a ello, el legislador, sin ningún fundamento más que el de continuar con lo que establecía la legislación anterior[163], las sigue manteniendo

---

163 RIDAURA MARTÍNEZ, M.ª. J., (2021) "Los derechos fundamentales como límites en el marco de la investigación privada", *Teoría y Realidad Constitucional* (UNED), núm. 47, pág. 132, "Es la Ley de Seguridad Privada la que ordena jurídicamente la profesión del investigador privado; pese a que su función sólo coincida con dicha norma en el adjetivo. Y es que su ordenación se corresponde con una historia de desaciertos, caracterizada por la dispersión y la inseguridad, desembocando, in-

en la Ley de 2014 porque, pese a lo que se establece en la Exposición de Motivos de la LSP, es francamente cuestionable que las actividades de investigación privada contribuyan a garantizar la seguridad de los ciudadanos, por muy amplio que se quiera utilizar el concepto de seguridad.

Que la actividad de investigación privada requiere una adecuada regulación, con rango de Ley, además, parece fuera de toda duda. Lo que resulta cuestionable es que esta deba incluirse en una ley sobre seguridad privada, como si de actividades complementarias se tratase.

Y sí, requiere regulación. Del más alto rango, además, como decía. Es decir, una norma con rango de Ley. Cabe incluso pensar si no sería necesario una ley orgánica en la medida en que, como veremos seguidamente, pueden verse afectados derechos fundamentales y libertades públicas susceptibles de recurso de amparo constitucional. De hecho, es lo que justifica la propia existencia del detective o investigador privado en los términos que plantea el artículo 48.1 de la LSP: realización de las averiguaciones que resulten necesarias para la obtención y aportación, por cuenta de terceros legitimados, de información y pruebas sobre conductas o hechos privados relacionados con aspectos de la vida de una persona relacionados con su esfera pública pero también su ámbito más privado e íntimo[164]. Es decir, se trata de obtener información sin el conocimiento de la persona inves-

---

cluso, en la declaración de inconstitucionalidad [...] La nueva Ley 5/2014, de 14 de abril, de Seguridad Privada (en adelante LSP) integra también a los detectives, pero, a diferencia de la ley del 92, les equipara con los agentes de seguridad privada. Y, pese a que el Preámbulo de la Ley parte de que los servicios de vigilancia son diferentes de los demás servicios de seguridad privada, afirma que «su acogida en esta norma, dentro del conjunto de actividades de seguridad privada, refleja la configuración de aquéllos como un elemento más que contribuye a garantizar la seguridad de los ciudadanos, entendida en un sentido amplio». Afirmación que nos parece cuestionable".

164 El artículo 48 de la LSP señala lo siguiente:
1. Los servicios de investigación privada, a cargo de detectives privados, consistirán en la realización de las averiguaciones que resulten necesarias para la obtención y aportación, por cuenta de terceros legitimados, de información y pruebas sobre conductas o hechos privados relacionados con los siguientes aspectos:
a) Los relativos al ámbito económico, laboral, mercantil, financiero y, en general, a la vida personal, familiar o social, exceptuada la que se desarrolle en los domicilios o lugares reservados.
b) La obtención de información tendente a garantizar el normal desarrollo de las actividades que tengan lugar en ferias, hoteles, exposiciones, espectáculos, certámenes, convenciones, grandes superficies comerciales, locales públicos de gran concurrencia o ámbitos análogos.

tigada, lo que genera, lógicamente, importantes problemas sobre la posible utilización de dicha información en otros ámbitos, incluido el judicial como prueba. Afecta de lleno, por consiguiente, a los derechos fundamentales del artículo 18 de la CE

Se ha de analizar, por consiguiente, la legitimación del ejercicio de esta labor por parte de los detectives privados, así como si concurre alguna de las bases legítimas para el tratamiento de datos personales, lo que implicará, posteriormente, poder utilizarlo, por ejemplo, como prueba en un procedimiento judicial.

5.6.2. La legitimación y los límites en el ejercicio de actividades de averiguación de información por los profesionales de la investigación privada

Tal como señalábamos más arriba, la definición de investigación privada que nos ofrece el artículo 37 de la LSP, el detective o investigador privado es el profesional que lleva a cabo la realización de averiguaciones en relación con personas, hechos y conductas privadas, a las que se refiere el artículo 48.

Este precepto recoge, demás, los aspectos que pueden ser objeto de investigación por estos profesionales, establecimiento límites claros en el ejercicio de estas funciones:

---

c) La realización de averiguaciones y la obtención de información y pruebas relativas a delitos sólo perseguibles a instancia de parte por encargo de los sujetos legitimados en el proceso penal.
2. La aceptación del encargo de estos servicios por los despachos de detectives privados requerirá, en todo caso, la acreditación, por el solicitante de los mismos, del interés legítimo alegado, de lo que se dejará constancia en el expediente de contratación e investigación que se abra.
3. En ningún caso se podrá investigar la vida íntima de las personas que transcurra en sus domicilios u otros lugares reservados, ni podrán utilizarse en este tipo de servicios medios personales, materiales o técnicos de tal forma que atenten contra el derecho al honor, a la intimidad personal o familiar o a la propia imagen o al secreto de las comunicaciones o a la protección de datos.
4. En la prestación de los servicios de investigación, los detectives privados no podrán utilizar o hacer uso de medios, vehículos o distintivos que puedan confundirse con los de las Fuerzas y Cuerpos de Seguridad.
5. En todo caso, los despachos de detectives y los detectives privados encargados de las investigaciones velarán por los derechos de sus clientes con respeto a los de los sujetos investigados.
6. Los servicios de investigación privada se ejecutarán con respeto a los principios de razonabilidad, necesidad, idoneidad y proporcionalidad.

a) Los relativos al ámbito económico, laboral, mercantil, financiero y, en general, a la vida personal, familiar o social, exceptuada la que se desarrolle en los domicilios o lugares reservados.

b) La obtención de información tendente a garantizar el normal desarrollo de las actividades que tengan lugar en ferias, hoteles, exposiciones, espectáculos, certámenes, convenciones, grandes superficies comerciales, locales públicos de gran concurrencia o ámbitos análogos.

c) La realización de averiguaciones y la obtención de información y pruebas relativas a delitos sólo perseguibles a instancia de parte por encargo de los sujetos legitimados en el proceso penal.

Como se puede observar es una redacción bastante general porque incluye cualquier aspecto de la vida de una persona (económico, laboral, mercantil, financiero, personal, familiar y social) con el único límite de que no se haga en domicilio o lugares reservados. El concepto de domicilio y lugar reservado al que se refiere le LSP, según reiterada doctrina de nuestro Tribunal Constitucional, protege un ámbito espacial muy determinado que es el lugar en el que los "individuos, libres de toda sujeción a los usos y convenciones sociales, ejercen su libertad más íntima" (SSTC 22/1984, de 17 de febrero; 94/1999, de 31 de mayo; y 119/2001, de 24 de mayo).

A efectos de lo que aquí interesa, el límite al que se refiere la LSP debe ser interpretado de manera amplia, es decir, incluye, jardines, terrazas, garajes, trasteros, siempre y cuando haya cerramiento, no sea visible desde la vía pública, se acceda desde el propio domicilio y haya unidad física en cuanto al cuerpo total de lo edificado. Se extiende aquí la interpretación penal de domicilio, según lo establecido en el Acuerdo del Pleno No Jurisdiccional de la Sala Segunda del TS de 15 de diciembre de 2016[165].

---

[165] Los trasteros y garages (sic.) comunes sitos en edificio de propiedad horizontal, donde también se integran viviendas, tendrán la consideración de dependencia de casa habitada, siempre que tengan las características siguientes:
a) Contigüidad, es decir, proximidad inmediata o directa con la casa habitada; que obviamente puede ser tanto horizontal como vertical;
b) Cerramiento, lo que equivale a que la dependencia esté cerrada, aunque no sea necesario que se halle techada ni siquiera murada;
c) Comunicabilidad interior o interna entre la casa habitada y la dependencia; es decir, que medie puerta, pasillo, escalera, ascensor o pasadizo internos que unan la dependencia donde se comete el robo con el resto del edificio como vía de utilizable acceso entre ambos.
d) Unidad física, aludiendo al cuerpo de la edificación

Por su parte, sí es posible realizar estas labores en lugares no públicos pero que no sean considerados domicilios o espacios reservados (locales cerrados, establecimiento de acceso restringido, clubs privados, etc.), siempre y cuando se explique y se motive adecuadamente la necesidad de llevarlos a cabo en estos establecimientos[166].

Por su parte, la labor de vigilancia en ferias, hoteles, exposiciones, espectáculos, certámenes, convenciones, grandes superficies comerciales, locales públicos de gran concurrencia o ámbitos análogos, parece que coincide con las labores de los vigilantes de seguridad. No obstante, como ya sea indicado, estas son incompatibles por aplicación del artículo 5.2 de la LSP que indica que los "despachos de detectives podrán prestar, con carácter exclusivo y excluyente, servicios sobre la actividad a la que se refiere el párrafo h) del apartado anterior, es decir, la investigación privada en relación con personas, hechos o delitos sólo perseguibles a instancia de parte". La gran diferencia, en este caso, entre la labor del vigilante de seguridad y la del detective es la que se refiere a la necesidad de vestir un uniforme identificativo en el caso de los vigilantes de seguridad, lo que permite hacer hincapié más en la prevención o disuasión. Los detectives, por su parte,

---

166 ARIAS DOMÍNGUEZ, Á., (2023), "La expectativa legítima de privacidad y la prueba videográfica obtenida", *Revista de Jurisprudencia Laboral*, Número 6/2023, La toma de fotografías en lugares no públicos (locales cerrados, establecimiento de acceso restringido, clubs privados, etc.) requiere una exigencia adicional de legitimación por parte del detective, en el sentido de requerir una mayor explicación a la necesidad de ser seguidos en estos espacios en lo que las expectativas de privacidad son mayores que en los espacios públicos, teniendo presente que no gozan de las garantías constitucional de las que disfruta el domicilio particular. Así, por ejemplo, en la STSJ-SOC Cataluña, de 27 de julio de 2005 (rec. 1531/2004) que analizaba las actividades incompatibles de una persona trabajadora con su situación de incapacidad temporal un detective realizó unas cuantas fotografías dentro de un local cerrado sin consentimiento de los titulares de este ni de las personas que en él se encontraban. El Tribunal entiende que este proceder es contrario a la privacidad constitucionalmente protegida, y anula la prueba así obtenida, al entender que nos encontramos en un lugar privado, y que se carece del consentimiento expreso para obtener fotografías. En realidad, era solamente una de las fotografías la que se realiza "no en un sitio o espacio público, sino dentro de un local, sin que conste permiso para ello", habiendo obtenido las demás fotografías aportadas desde fuera de dicho local, pero es suficiente para desacreditar la totalidad del testimonio del detective. Queda por cuestionar qué hubiera sucedido si se hubieran tomados las fotografías desde fuera del local aun apuntando con la cámara hacia dentro del mismo, pero la constatación de que al menos una de las aportadas indubitadamente se ha realizado desde dentro del local permite concluir la inadecuación de la prueba aportada

pueden pasar más desapercibidos y, por consiguiente, su tarea tiene una finalidad diferente, como es fácilmente deducible.

Por último, el artículo 48.1.c) señala que podrán dedicarse a "La realización de averiguaciones y la obtención de información y pruebas relativas a delitos sólo perseguibles a instancia de parte por encargo de los sujetos legitimados en el proceso penal". Esto excluye todas aquellas infracciones penales que sean perseguibles de oficio. En este caso, debemos tener en cuenta que nos encontramos en el ámbito del Derecho penal, en el que las pruebas aportadas a los procesos tienen que ser especialmente rigurosas en el respeto a los derechos fundamentales y las libertades públicas. Escrupulosidad que ha de ser exigida, igual que a las fuerzas y cuerpos de seguridad del Estado, a los detectives privados en el desempeño de estas funciones, sin ninguna duda.

En relación con esta última de las funciones que la LSP permite realizar los detectives o investigadores privados, quizás la más característica de todas, hemos de señalar que se les exige una especial legitimad para poder llevarlas a cabo. Sobre todo, a la especial naturaleza del Derecho penal y a la utilidad que esas pruebas pueden tener en el proceso, es decir, pueden servir de base para la imposición de penas y, por consiguiente, desvirtuar el derecho fundamental a la presunción de inocencia al que se refiere el artículo 24.2 de nuestra CE.

En este sentido, algunos autores han cuestionado la legitimidad de los detectives e investigadores privados para aportar pruebas relacionadas con datos personales de terceros a un proceso judicial penal[167]. Se pone en duda así, como se ha señalado más arriba, una de las clásicas funciones de estos profesionales.

No comparto este argumento. Los detectives tienen legitimidad para realizar estas funciones en la medida en que la LSP se la reconoce, como

---

[167] VELASCO NÚÑEZ, E., (2020), "Investigación penal y protección de datos", *El Cronista del Estado Social y Democrático de Derecho,* N°. 88-89, 2020, Pág. 144. 4 "Cuando el dato lo aporta un detective o investigador privado. El detective debe ser considerado como un particular más, sólo que desprovisto del interés ciudadano que a veces posibilita el cumplimiento de ciertos fines sociales que permitirían la obtención del dato y que, no encarnando su profesión —privada, que no pública, que según los Arts. 5.1 h) y 5.2 in fine y 10.2 de la Ley 5/2014, de 4 de abril, de Seguridad Privada se ciñe exclusivamente a la investigación de los delitos privados y los semipúblicos, con clara exclusión de los públicos—, en consecuencia, le hace acreedor de un menor y más reducido ámbito de legitimación para aportar datos personales de terceras personas.

acabamos de ver. Además, los datos personales obtenidos en el desempeño de sus funciones podrán se aportados a un procedimiento judicial penal (o de otro orden jurisdiccional), en la medida que implica un tratamiento amparado, en mi opinión, por la satisfacción de intereses legítimos del responsable de tratamiento o de un tercero (artículo 6.1.f) del RGPD).

No se puede olvidar, en este sentido, que la actividad de investigación privada está muy intervenida y regulada por parte del Estado, exigiendo la firma de un contrato previo a la realización de las correspondientes actividades en el que se acredite el interés del solicitante de los servicios (artículo 48.2 de la LSP)[168]. En la recopilación y tratamiento de los datos personales y la información obtenida, el detective debe, como es lógico, cumplir la normativa general de protección de datos, pero no se le puede exigir, entiendo, una mayor legitimidad.

Queda claro que, en el desempeño de sus funciones, los investigadores privados realizan actuaciones que pueden poner en riesgo derechos fundamentales relacionados con la intimidad o la protección de datos de los ciudadanos. En eso consiste, precisamente, su trabajo. Pero si tienen la debida formación y realizan sus funciones con pleno respeto a la normativa correspondiente, guardando el deber de secreto profesional y cumpliendo los principios de forma seria y rigurosa, nada debe hacernos pensar en que van a vulnerar estos derechos fundamentales. O al menos que estos no se van a estar más en riesgo que cuando estas funciones son llevadas a cabo por las fuerzas y cuerpos de seguridad del Estado.

5.6.3. El uso de las más avanzadas tecnologías en la investigación privada: una perspectiva general del impacto sobre derechos fundamentales

La investigación privada es un ámbito profesional propicio para la utilización y desarrollo de las aplicaciones tecnológicas más avanzadas. Se trata de un laboratorio idóneo para probar y mejorar aquellas herramientas tecnológicas que permitan observar sin ser observado porque, no olvidemos, esta es la esencia de la labor del detective privado.

En este sentido, la averiguación de hechos y conductas privados sobre la vida personal es una labor que hay que realizar sin que el sujeto objeto de

[168] 2. La aceptación del encargo de estos servicios por los despachos de detectives privados requerirá, en todo caso, la acreditación, por el solicitante de los mismos, del interés legítimo alegado, de lo que se dejará constancia en el expediente de contratación e investigación que se abra.

la investigación perciba esa vigilancia. Si no, su comportamiento no será natural, cambiará y, por tanto, no servirá de nada.

La tecnología que permite la captación de imágenes y sonidos a cada vez más distancia, o utilizando dispositivos cada vez más pequeños, en remoto incluso, facilitan mucho la labor de los detectives privados.

Pero, por otro lado, ese mismo avance tecnológico que facilita la labor del investigador privado implica un mayor riesgo para los derechos fundamentales. Especialmente los contenidos en el artículo 18 de la CE. La formación jurídica de estos profesionales es clave para lograr que su trabajo se realice con las máximas garantías posibles[169], sobre todo si esa información se va a utilizar posteriormente en un procedimiento judicial.

Bien es cierto que el artículo 11.1 de la LOPJ neutralizará los efectos jurídicos de cualquier prueba que pretenda hacerse valer con vulneración de los derechos fundamentales, pero no es menos cierto que la utilización de dispositivos y aplicaciones de vigilancia sin legitimidad suficiente y sin cumplir los requisitos previstos en la LSP ocasionará unos perjuicios difícil-

---

169 PASCUAL MEDRANO, A. (2013), "Detectives privados y protección de derechos fundamentales: una delicada relación. Examen del Proyecto de Ley de Seguridad Privada", *Diario La Ley*, Nº 8193, pág. 2, "Nos referimos a la fricción o tensión que, casi de modo consustancial, acarrea la ejecución de sus funciones en ciertos derechos fundamentales. Y es que el ámbito *iusfundamental* de libre determinación del espacio personal y privado y, por ende, la correlativa facultad de exclusión «de los otros», camina en dirección justamente opuesta a lo que son las funciones propias de la llamada investigación privada, así como de los medios que vienen siendo habitualmente utilizados en su consecución [...] La colisión y el conflicto no es, por lo demás, un fenómeno precisamente extraño para estos derechos, que en nuestros días están —digamos— harto acostumbrados a tener que lidiar con innumerables y variadas amenazas a su efectividad y real vigencia. Es hoy extremadamente fácil captar y grabar en los más variados soportes la imagen de las personas, sus acciones y sus palabras. Y no plantea además técnicamente ningún problema realizarlo de forma disimulada, oculta o subrepticia. No obstante, justamente por ello, creemos que se han hecho acreedores de la necesidad de que el legislador no soslaye la resolución de conflictos y dedique una especial atención a tratar de que, al menos normativamente y, sin perjuicio del inevitable casuismo propio de estas hipótesis, queden claros los contornos que no cabe traspasar y las condiciones o situaciones precisas que pueden constitucionalmente justificar incidir en o limitar el ámbito potencial de protección de los derechos fundamentales puestos aquí en cuestión. A la vez, ello sin duda puede contribuir a aclarar el siempre proceloso ámbito de la no admisión de pruebas obtenidas violentando derechos fundamentales del art. 11 LOPJ.

mente reparables, independientemente de la imposibilidad de utilizarlos posteriormente como prueba en un procedimiento judicial.

Por ello, se ha de insistir en la imprescindible habilitación administrativa para realizar las funciones propias de esta profesión. Habilitación que, tal y como está configurada en la actualidad, según entiendo, mediante una declaración responsable[170], no cumple los más mínimos criterios para garantizar el cumplimiento de los requisitos normativos. Sobre la utilización de este medio de intervención administrativa ya he tenido ocasión de hablar en otra parte de este trabajo. Seguramente, como ya se ha indiqué más arriba, sea un mercado adecuado para realizar una razonable liberalización y reducir el intervencionismo estatal. Sobre todo, mediante las necesarias reformas legislativas. Pero el Estado debe estar presente. No me cabe duda. Presente y visible, desde luego. Hay derechos fundamentales en juego y, por tanto, un interés general que justifica la intervención. Cuestión diferente es como debe ser esa intervención administrativa, pre-

---

170 Artículo 24.2 de la LSP:

2. Los despachos de detectives privados se inscribirán de oficio en el Registro Nacional de Seguridad Privada o, en su caso, en el registro de la comunidad autónoma competente, previa presentación de declaración responsable en la forma que reglamentariamente se determine, para lo cual deberán reunir los siguientes requisitos generales:

a) Tener por objeto de su actividad profesional la realización de los servicios de investigación privada a que se refiere el artículo 48.1 y conforme a lo establecido en el artículo 10 de esta ley en materia de prohibiciones.

b) En el caso de personas jurídicas, estar legalmente constituidas e inscritas en el Registro Mercantil o en el registro público correspondiente, y cumplir con los requisitos establecidos en el artículo 19.1.g) y h).

c) Fijar un domicilio como sede física del despacho en el que se desarrollará la actividad, se llevará el libro-registro y se encontrará el archivo de los expedientes de contratación y de los informes de investigación.

d) Facilitar una relación nominal de detectives privados adscritos al despacho como integrantes asociados o dependientes del mismo.

e) Suscribir un contrato de seguro de responsabilidad civil o constituir otras garantías financieras en la cuantía y con las condiciones que se determinen reglamentariamente.

f) Constituir el aval o seguro de caución que se determine reglamentariamente a disposición de las autoridades españolas para atender exclusivamente las responsabilidades administrativas por infracciones a la normativa de seguridad privada que se deriven del funcionamiento de los despachos.

g) Mantener en todo momento el titular y los demás detectives integrantes del despacho la habilitación profesional.

h) Contar con las medidas de seguridad que reglamentariamente se determinen.

via, simultanea, posterior o permanente. La tecnología actual permite a las administraciones competentes realizar un control eficaz sin pesadas cargas para los operadores del mercado de la investigación privada. Pero es necesaria una adecuada cimentación legal de la que actualmente se carece.

El potencial de la investigación privada es enorme. Sus riesgos también. Pero con el adecuado maridaje público-privado, el sector puede ser realmente beneficioso para la sociedad reduciendo al mínimo sus riesgos. Solo se requiere, como en tantas otras cosas, voluntad política y la eliminación de intereses espurios que en nada benefician el desarrollo del sector.

5.7. ESPECIAL REFERENCIA A LA INTELIGENCIA ARTIFICIAL EN LA SEGURIDAD Y EN LA INVESTIGACIÓN PRIVADA

5.7.1. Introducción

Y llegamos, así, en un recorrido a través de las distintas tecnologías y procesos sobre tratamiento de datos, a una de las tecnologías que parecen llamadas a revolucionar el mundo tal y como lo conocemos. Al menos eso se nos dice desde algunos sectores[171].

En lo que aquí interesa en estos momentos, es decir, la seguridad privada, debemos indicar que el uso de la inteligencia artificial tiene un potencial enorme, pero se deben aclarar dos circunstancias desde este momento, aunque ya han sido puestas de manifiesto en otro lugar de este trabajo:

— La seguridad privada solo puede desempeñar sus funciones en la prevención. La represión, coacción y el uso de la fuerza quedan reservadas a las Fuerzas y Cuerpos de Seguridad del Estado.

---

171 CUATRECASAS MONFORTE, C., (2022), "La Inteligencia Artificial como herramienta de investigación criminal. Utilidades y riesgos potenciales de su uso jurisdiccional", *La Ley*, "la IA tiene un enorme potencial, habida cuenta de su capacidad para predecir tendencias de criminalidad y ayudar así a la optimización de recursos, facilitar la identificación de personas de interés, favorecer el hallazgo de vehículos u otros objetos robados, posibilitar la detección de comportamientos sospechosos, analizar datos de forma masiva y detectar fraudes económicos, corrupción o incluso actividades de financiación de grupos terroristas; facilitar la detección del uso y la distribución de material de pornografía infantil; favorecer el rastreo de redes de tráfico de personas, etc. No obstante, tal y como se ha ido poniendo de manifiesto a lo largo de la presente obra, su uso no está exento de polémicos desafíos y retos, y bien es sabido que garantizar el respeto de los derechos humanos es una exigencia particularmente importante en el ámbito de la investigación criminal.

— El régimen jurídico en el tratamiento de datos personales es diferente: la seguridad privada se rige por el RGPD, mientras que la seguridad pública, cuando persiga delitos, debe tener en cuenta la Directiva 680/2016 y la Ley Orgánica 7/2021.

Las diferentes funcionalidades que se proclaman de la inteligencia artificial para la posible prevención de riesgos (delitos, daños a las personas y los bienes, etc.) pueden aplicarse por la seguridad privada, igualmente, dentro de su ámbito de actuación tasado, y teniendo en cuenta que el régimen jurídico va a ser diferente, como ya hemos explicado.

Es decir, desde la seguridad privada se podrá utilizar esta tecnología siempre y cuando sea para el cumplimiento de algunas de las actividades a las que se hace referencia en el artículo 5 y 6 de la LSP. Y siempre, como se ha señalado en el apartado anterior, para el cumplimiento de una función preventiva.

En una encuesta realizada por la revista SEGURITECNIA en el primer semestre de 2023 a profesionales del sector, publicada en su número 500 (marzo-abril de 2023), sobre la evolución de la seguridad privada en la próxima década, hasta 2030, los encuestados señalaron el mayor que el facto de mayor impulso y desarrollo del sector vendrá de la mano del uso de las tecnologías aplicadas a la seguridad. Y de todas las tecnologías la que más aplicación iba a tener en los próximos años iba ser, precisamente, la Inteligencia Artificial, por encima de la biometría o el internet de las cosas[172].

Y, en efecto, así parece que va a ser. Los diferentes sistemas de inteligencia artificial podrán ser utilizados por empresas y profesionales de la seguridad privada en tanto en cuanto realicen funciones de prevención. Incido en esta idea. No veo ningún problema siempre y cuando se cumplan las normas aplicables en la materia, tanto sobre protección de datos como las relativas a inteligencia artificial, que tienen en común, como ya se ha señalado, la más alta protección de los derechos fundamentales y libertades públicas.

En esta línea, pienso que el futuro pasa, esencialmente, por desarrollar la colaboración entre la seguridad pública y la seguridad privada. Centrar el foco más en la prevención, adoptando una postura proactiva, frente a la más reactiva que tradicionalmente han desarrollado las policías públicas.

---

172 GONZÁLEZ, E. y ARENAS, L. (2023), "Seguridad Privada en España: hacia 2023", *Seguritecnia*, núm. 500, pág. 184.

Así, tal y como ha señalado algún autor, la inteligencia artificial se puede convertir en un aliado magnífico para incrementar la eficacia y eficiencia de la seguridad en general, independientemente de que proceda del sector público o del privado[173].

Los retos, ya sabemos, son comunes para ambos sectores: garantizar la calidad de los datos, transparencia y garantía de los derechos fundamentales. Nada fácil lograr el equilibrio entre el desarrollo de esta tecnología y los restantes bienes jurídicos necesitados de la más alta protección. Pero es necesario. Se corre el riesgo de incurrir en un *solucionismo* que deje de lado la visión antropocéntrica de la tecnología, y en el ámbito de la seguridad es especialmente peligroso, pues es se puede utilizar como argumento para cometer las más feroces atrocidades. Un vistazo a la más reciente historia es suficiente para darse cuenta.

5.7.2. ¿En qué consiste la inteligencia artificial?

Para definir lo que es inteligencia artificial voy a acudir a lo que establece el Reglamento (UE) 2024/1689 del Parlamento Europeo y del Consejo, de 13 de junio de 2024, por el que se establecen normas armonizadas en materia de inteligencia artificial y por el que se modifican los Reglamentos (CE) n.° 300/2008, (UE) n.° 167/2013, (UE) n.° 168/2013, (UE) 2018/858, (UE) 2018/1139 y (UE) 2019/2144 y las Di-

---

173 CUATRECASAS MONFORTE, C., (2022), *La Inteligencia Artificial como herramienta de investigación criminal. Utilidades y riesgos potenciales de su uso jurisdiccional*, La Ley, "El principal objetivo de tales sistemas es, sin duda, la optimización de recursos y el incremento de la eficacia y la eficiencia policial en la tarea de la prevención de delitos. En virtud de ello, lo que las herramientas de predicción y evaluación de riesgos hacen es analizar los datos históricos estadísticos que constan en las bases de datos policiales para predecir en qué áreas geográficas hay una mayor probabilidad de actividad criminal, qué perfiles de personas tienen mayores posibilidades de delinquir en el futuro, o qué tipo de gente cuenta con mayor predisposición para ser víctima de un delito, entre otros, lo que aporta una información valiosísima para los cuerpos de seguridad, que pueden así incrementar la vigilancia en aquellas zonas calificadas como «calientes» y sobre aquellos perfiles de personas calificadas con «mayor riesgo» o «mayor vulnerabilidad.
Ello, lo que consigue, desde luego, es reforzar y fomentar más que nunca el enfoque proactivo del trabajo en el ámbito policial. Y es que, a pesar de que siempre han existido tareas de vigilancia, la labor de la policía ha tendido a ser eminentemente reactiva, habida cuenta de que los agentes suelen responder a llamadas de auxilio para actuar o a informaciones de posibles comisiones de delitos para empezar a investigar, siendo que los recursos de que disponen son limitados.

rectivas 2014/90/UE, (UE) 2016/797 y (UE) 2020/1828 (Reglamento de Inteligencia Artificial o RIA), en cuya Exposición de Motivos se indica lo siguiente: "La inteligencia artificial (IA) es un conjunto de tecnologías de rápida evolución que puede generar un amplio abanico de beneficios económicos y sociales en todos los sectores y las actividades sociales. Mediante la mejora de la predicción, la optimización de las operaciones y de la asignación de los recursos y la personalización de la prestación de servicios, la inteligencia artificial puede facilitar la consecución de resultados positivos desde el punto de vista social y medioambiental, así como proporcionar ventajas competitivas esenciales a las empresas y la economía europea. Esto es especialmente necesario en sectores de gran impacto como el cambio climático, el medio ambiente y la salud, el sector público, las finanzas, la movilidad, los asuntos internos y la agricultura. No obstante, los mismos elementos y técnicas que potencian los beneficios socioeconómicos de la IA también pueden dar lugar a nuevos riesgos o consecuencias negativas para personas concretas o la sociedad en su conjunto. En vista de la velocidad a la que cambia la tecnología y las dificultades que podrían surgir, la UE está decidida a buscar un enfoque equilibrado. Redunda en interés de la Unión preservar su liderazgo tecnológico y garantizar que los europeos puedan aprovechar nuevas tecnologías que se desarrollen y funcionen de acuerdo con los valores, los derechos fundamentales y los principios de la UE"

El Considerando 3 del mismo RIA, hace referencia de nuevo a la IA como un conjunto de tecnologías encaminadas a mejorar la vida de los ciudadanos europeos, pero con evidentes riesgos.

Por otro lado, también en la citada Propuesta de Reglamento sobre Inteligencia Artificial, En el artículo 3 dedicado a definiciones, nos encontramos con la siguiente de "Sistema de Inteligencia Artificial": "el software que se desarrolla empleando una o varias de las técnicas y estrategias que figuran en el anexo I y que puede, para un conjunto determinado de objetivos definidos por seres humanos, generar información de salida como contenidos, predicciones, recomendaciones o decisiones que influyan en los entornos con los que interactúa".

Por su parte, el Anexo I al que se refiere el artículo 3.1 del RIA señala que son técnicas y estrategias de inteligencia artificial:

— Estrategias de aprendizaje automático, incluidos el aprendizaje supervisado, el no supervisado y el realizado por refuerzo, que emplean una amplia variedad de métodos, entre ellos el aprendizaje profundo.

— Estrategias basadas en la lógica y el conocimiento, especialmente la representación del conocimiento, la programación (lógica) inductiva, las bases de conocimiento, los motores de inferencia y deducción, los sistemas expertos y de razonamiento (simbólico).

— Estrategias estadísticas, estimación bayesiana, métodos de búsqueda y optimización

En definitiva, parece que la clave se encuentra, según la definición que se ofrece en el Reglamento de Inteligencia Artificial, en la utilización de software para obtener ciertos resultados con información previamente definida. Es decir, hay una información de entrada que podríamos denominar pura y que tras someterla a estas técnicas y estrategias obtenemos una información de salida que pretende alcanzar unos objetivos previamente definidos. La información de salida ya no es la misma que la de entrada, pues ha sido sometida a unos procesos que, en principio, aportan un determinado valor añadido.

El gran asunto, según estimo, es que es valor añadido que la IA aporta la información de entrada, solo podía aportarlo, hasta ahora, el ser humano mediante su razonamiento y pensamiento, dando lugar a una información de salida determinada. Se ha señalado, no obstante, que no es posible aplicar el termino pensamiento a estos procesos realizados por la inteligencia artificial, sino de aplicación de fórmulas[174].

5.7.3. Los riesgos en el uso de la inteligencia artificial

Ya se ha puesto de manifiesto como la inteligencia artificial puede ser un instrumento de gran ayuda para conjurar las amenazas a la seguridad. Pero tal y como, igualmente, ya se ha señalado, lo cierto es que el uso de estos sistemas puede suponer un importante riesgo para otros bienes jurídicos merecedores de la más alta protección por parte de los poderes públicos, especialmente la privacidad y la protección de datos[175].

---

174 HUERGO LORA, A., (2023), “Inteligencia artificial: una aproximación jurídica no catastrofista”, Revista Española de Control Externo, núm. 74-75, pág. 112.

175 CASTELLANOS CLARAMUNT, J. (2023), “Sobre los desafíos constitucionales ante el avance de la inteligencia artificial. Una perspectiva nacional y comparada”, *Revista de Derecho Político,* núm. 118, pág. 278, “El desarrollo de la inteligencia artificial presenta desafíos constitucionales significativos debido a la necesidad de garantizar que el uso de la IA cumpla con los principios fundamentales del derecho constitucional, como la democracia, la igualdad, la libertad y los derechos humanos. Y es que, como veremos, la IA puede tener un impacto en el ejercicio de

Así, en primer lugar, la necesidad de recopilar una ingente cantidad de datos hace que los ciudadanos estemos constantemente sometidos a "vigilancia". Se multiplican los instrumentos de captación de datos y de información, lo que, ya de por sí, hace incrementar el riesgo de vulneración sobre el derecho a la protección de datos. Y no me refiero solo a cámaras o dispositivos de captación de imágenes, sino también, y, sobre todo, a las "cookies" y otros archivos informáticos similares que tienen como misión recabar toda la información posible sobre nuestro comportamiento en internet[176] para poder ofrecernos servicios que necesitamos o, incluso, que aún no sabemos que necesitamos[177].

Íntimamente unido a lo anterior, debemos señalar que otros de los grandes riesgos que presenta la utilización indiscriminada de IA tiene que ver con la posibilidad de elaborar perfiles de seres humanos para la toma de decisiones. El RGPD ya tuvo especial cuidado en señalar los riegos de la elaboración de perfiles de manera "automática", es decir, sin la intervención de un ser humano en la toma de decisiones derivado de ese perfilado. Así, tanto el Considerando 71[178] como el artículo 22 del

---

los derechos fundamentales, incluyendo la privacidad, la libertad de expresión, la igualdad ante la ley y el derecho a un juicio justo

176 Véase, en este sentido, ZUBOFF, S., (2021) El capitalismo de la vigilancia, op. cit., donde se describe de manera detallada como las grandes empresas tecnológicas nos someten a intensos procesos de vigilancia para conocer nuestros más íntimos deseos.

177 Y no me refiero con esto a que nos generen una necesidad, como hacen tradicionalmente otras técnicas de marketing, sino que saben con antelación, y con un escasísimo margen de error, por donde van a desarrollarse nuestros deseos y necesidades. A este respeto, resulta, igualmente, muy interesante, la reflexión realizada por HARARI, Y. N., (2017), *Homo Deus. Breve historia del mañana*, op. cit., sobre las aplicaciones de búsqueda de pareja.

178 Considerando 71 del RGPD establece lo siguiente:
El interesado debe tener derecho a no ser objeto de una decisión, que puede incluir una medida, que evalúe aspectos personales relativos a él, y que se base únicamente en el tratamiento automatizado y produzca efectos jurídicos en él o le afecte significativamente de modo similar, como la denegación automática de una solicitud de crédito en línea o los servicios de contratación en red en los que no medie intervención humana alguna. Este tipo de tratamiento incluye la elaboración de perfiles consistente en cualquier forma de tratamiento de los datos personales que evalúe aspectos personales relativos a una persona física, en particular para analizar o predecir aspectos relacionados con el rendimiento en el trabajo, la situación económica, la salud, las preferencias o intereses personales, la fiabilidad o el comportamiento, la situación o los movimientos del interesado, en la medida en que produzca efectos jurídicos en él o le afecte significativamente de modo similar. Sin embargo, se deben permitir las decisiones basadas en tal tratamiento, incluida

RGPD[179] son claros: se ha de evitar la toma de decisiones con efectos jurídicos para los ciudadanos sin intervención de un ser humanos, es

---

la elaboración de perfiles, si lo autoriza expresamente el Derecho de la Unión o de los Estados miembros aplicable al responsable del tratamiento, incluso con fines de control y prevención del fraude y la evasión fiscal, realizada de conformidad con las reglamentaciones, normas y recomendaciones de las instituciones de la Unión o de los órganos de supervisión nacionales y para garantizar la seguridad y la fiabilidad de un servicio prestado por el responsable del tratamiento, o necesario para la conclusión o ejecución de un contrato entre el interesado y un responsable del tratamiento, o en los casos en los que el interesado haya dado su consentimiento explícito. En cualquier caso, dicho tratamiento debe estar sujeto a las garantías apropiadas, entre las que se deben incluir la información específica al interesado y el derecho a obtener intervención humana, a expresar su punto de vista, a recibir una explicación de la decisión tomada después de tal evaluación y a impugnar la decisión. Tal medida no debe afectar a un menor.

A fin de garantizar un tratamiento leal y transparente respecto del interesado, teniendo en cuenta las circunstancias y contexto específicos en los que se tratan los datos personales, el responsable del tratamiento debe utilizar procedimientos matemáticos o estadísticos adecuados para la elaboración de perfiles, aplicar medidas técnicas y organizativas apropiadas para garantizar, en particular, que se corrigen los factores que introducen inexactitudes en los datos personales y se reduce al máximo el riesgo de error, asegurar los datos personales de forma que se tengan en cuenta los posibles riesgos para los intereses y derechos del interesado y se impidan, entre otras cosas, efectos discriminatorios en las personas físicas por motivos de raza u origen étnico, opiniones políticas, religión o creencias, afiliación sindical, condición genética o estado de salud u orientación sexual, o que den lugar a medidas que produzcan tal efecto. Las decisiones automatizadas y la elaboración de perfiles sobre la base de categorías particulares de datos personales únicamente deben permitirse en condiciones específicas.

179 Artículo 22 del RGPD: Decisiones individuales automatizadas, incluida la elaboración de perfiles

1. Todo interesado tendrá derecho a no ser objeto de una decisión basada únicamente en el tratamiento automatizado, incluida la elaboración de perfiles, que produzca efectos jurídicos en él o le afecte significativamente de modo similar.

2. El apartado 1 no se aplicará si la decisión:

a) es necesaria para la celebración o la ejecución de un contrato entre el interesado y un responsable del tratamiento;

b) está autorizada por el Derecho de la Unión o de los Estados miembros que se aplique al responsable del tratamiento y que establezca asimismo medidas adecuadas para salvaguardar los derechos y libertades y los intereses legítimos del interesado, o

c) se basa en el consentimiento explícito del interesado.

3. En los casos a que se refiere el apartado 2, letras a) y c), el responsable del tratamiento adoptará las medidas adecuadas para salvaguardar los derechos y libertades y los intereses legítimos del interesado, como mínimo el derecho a obtener intervención humana por parte del responsable, a expresar su punto de vista y a impugnar la decisión.

decir, basadas, exclusivamente, en tratamientos automatizados de datos. En materia de seguridad e investigación estos riesgos son especialmente graves habida cuenta de que la elaboración de perfiles puede implicar la vulneración de derechos fundamentales como, por ejemplo, el de presunción de inocencia.

Además, siempre existirá el riesgo, y la tentación, por parte de los poderes públicos, de catalogar a los ciudadanos en función de adhesión al Gobierno, como desde hace varios años parece que hace China[180], al más puro estilo orwelliano. Y más allá de China, parece que el sistema se está importando a Europa, quien parece no querer aprender de los terribles errores del pasado[181].

Por otro lado, en la medida en que estos sistemas de inteligencia artificial se nutren de ingentes cantidades de datos, es necesario tener en cuenta la calidad de estos, su integridad, pues el uso de datos desactualizados o irreales puede dar lugar resultados erróneos.

---

4. Las decisiones a que se refiere el apartado 2 no se basarán en las categorías especiales de datos personales contempladas en el artículo 9, apartado 1, salvo que se aplique el artículo 9, apartado 2, letra a) o g), y se hayan tomado medidas adecuadas para salvaguardar los derechos y libertades y los intereses legítimos del interesado.

180 HOFFMAN, S., (2017), "PROGRAMMING CHINA: The Communist Party's autonomic approach to managing state security", *Mercator Institute for China Studies,* December 12. El sistema de crédito social es una ampliación del sistema de calificación crediticia financiera existente en China. El sistema se remonta a la década de 1980, cuando el gobierno intentó desarrollar un sistema de calificación crediticia bancaria y financiera personal, especialmente para las personas que habitan en zonas rurales y pequeñas empresas carentes de registros legales. El gobierno chino ha proclamado como objetivo mejorar la confianza social y regular las empresas con respecto a cuestiones como la seguridad alimentaria, el robo de propiedad intelectual y el fraude financiero.1314 Los partidarios afirman que el sistema ayuda a regular el comportamiento social, mejora la "confiabilidad" de los ciudadanos en el seguimiento de actividades como el pago de impuestos y facturas a tiempo, y promueve los valores tradicionales.1516 Los críticos del sistema afirman que traspasa el estado de derecho y viola los derechos legales de los residentes y las organizaciones, especialmente el derecho a la reputación, el derecho a la privacidad y la dignidad personal, y que el sistema es una herramienta para la vigilancia gubernamental y la supresión de la disidencia del gobierno chino.

181 SERRANO MARTÍNES, A., (17 de junio de 2023), Crédito social chino: el sistema de puntos que ya se exporta a otras sociedades, *El Economista,* https://www.eleconomista.es/economia/noticias/12325879/06/23/credito-social-chino-el-sistema-de-puntos-que-ya-se-exporta-a-otras-sociedades.html

Igualmente, hay que ser especialmente cuidadoso con la posible discriminación a los que estos sistemas de inteligencia artificial parecen tender al analizar los datos. De ahí que la transparencia de los algoritmos, la democratización de los mismos se convierte en un elemento esencial de todo el sistema.

Dotar, asimismo, de las medidas de seguridad adecuadas a las bases de datos donde se contiene la información. Cada vez son mayores los ciberataques, las brechas de seguridad y los eventos que ponen en riesgo la información. Cualquier alteración dolosa de estos datos, cualquier modificación espuria de la información puede dar lugar a resultados o incidentes imprevisibles para la humanidad

5.7.4. Inteligencia artificial y seguridad e investigación privada

Voy a referirme, a continuación, a los distintos sistemas de IA que pueden utilizarse en el ámbito de la seguridad, señalando aquellos que, específicamente, pueden usarse en el sector privado[182], teniendo en cuenta las ya mencionadas restricciones impuestas por la LSP.

Siguiendo a CUATRECASAS MONFORTE, C[183], podemos sistematizar las herramientas de inteligencia artificial con fines de seguridad[184], en las siguientes:

---

[182] ESTÉVEZ MENDOZA, L., (2019), "Algoritmos policiales basados en IA y derechos fundamentales a la luz de HART y VALCRI: garantías versus eficacia", en LLOPIS NADAL, P. (coord..), DE LUIS GARCÍA, E. (coord.); JIMÉNEZ CONDE, F. (dir.), BELLIDO PENADÉS, R. (dir.) *Justicia: ¿garantías "versus" eficiencia?*, Tirant Lo Blanch.

[183] CUATRECASAS MONFORTE, C., (2023), "La inteligencia artificial y la investigación de delitos", *Revista Científica del Centro Universitario de la Guardia Civil*, núm. 1, pág. 70.

[184] En el mismo sentido, CASTRO PEÑA, (2023), "Inteligencia artificial aplicada a la seguridad", *Revista Científica del Centro Universitario de la Guardia Civil*, núm. 1, págs. 56 y 57, "Algunos de los campos de aplicación que se pueden abordar con técnicas de IA en el campo de la seguridad son: 17.1.- Análisis predictivos de delitos. A partir de los registros de datos, se pueden utilizar las técnicas de aprendizaje automático para realizar análisis predictivos. Se pueden diseñar modelos para detectar dónde es más plausible que se pueda cometer un delito, e incluso los tipos de amenazas que se pueden dar. Aunque el sistema cometerá errores, puede ser de mucha ayuda para prevenir delitos. En este artículo (Cinelli 2019) se realiza una comparativa europea del análisis predictivo en la inteligencia policial. Se indica que hay un interés creciente, y que en 2019 ya se estaban usando este tipo de herramientas en 10 países europeos, con alrededor de unos 20 programas

distintos. Los modelos predictivos son una de las aplicaciones típicas de la IA y el Big Data. En el campo de la economía, donde es habitual usar modelos predictivos, se han incorporado modelos basados en IA en la mayoría de las herramientas, así que resulta previsible que lo mismo ocurra en el campo de la seguridad.
17.2.- Detección automática de amenazas o delitos. Se pueden diseñar sistemas de IA que detecten personas o situaciones sospechosas. El campo de aplicación es enorme, pues seguramente habría que diseñar sistemas especializados según el tipo de amenaza. Los sistemas de reconocimiento facial han conseguido un nivel de desarrollo bastante elevado y son herramientas directamente aplicables. Interpol ya usa sistemas de reconocimiento facial para identificar personas de interés para una investigación (https://www.interpol.int/es/Como-trabajamos/Policiacientifica/Reconocimiento-facial).
La identificación de situaciones sospechosas a partir de imágenes es un campo más complejo, donde se pueden aplicar las técnicas y modelos avanzados de clasificación de imágenes. Dado el avance en el desempeño de los modelos del procesamiento de imágenes mediante aprendizaje profundo, resulta bastante prometedor abordar problemas concretos de este tipo. Tendrían un coste en trabajo y tiempo de desarrollo a considerar, y requieren de un adecuado planteamiento, pero seguramente empezarán a surgir proyectos y herramientas en esta línea. Por otro lado, se pueden desarrollar sistemas más concretos, diseñados para detectar diversas situaciones sospechosas específicas. Por ejemplo, la sospecha de denuncias falsas, como el sistema VeriPol que usa la Policía Nacional de España (Quijano-Sánchez 2018), o de posible uso fraudulento de tarjetas de crédito (Strelcenia 2022), o de posible fraude fiscal (Rodríguez-Pérez 2018). Las técnicas de aprendizaje automático bien aplicadas pueden dar buenos resultados en estos casos. En general estos son problemas donde el tipo de error debe ser considerados de forma distinta, preponderando evitar los falsos negativos, y donde el conjunto de ejemplos estará altamente desbalanceado. La aplicación directa de los modelos de aprendizaje y validación estándares puede ser bastante mejorada mediante un estudio más profundo, y sobre todo con la incorporación de modelos de aprendizaje por refuerzo para que el sistema se vaya adaptando a la evolución del problema.
17.3.- Prevención de posibles delitos. Otro apartado prometedor para el desarrollo de herramientas y proyectos es la prevención de posibles delitos. Se pueden aplicar sistemas de IA que detecten anomalías o comportamientos que convendría investigar para evitar un posible delito. Ya se está investigando en algunos problemas de este tipo. Por ejemplo, en la detección de perfiles falsos en redes sociales (Breuer 2020), o la detección de webs fraudulentas, o las suplantaciones de identidad (Monaro 2021). En estos casos, no se trata de detectar un delito, sino comportamientos que hagan sospechar que, detrás de un "sitio", "perfil" o "identidad", se pueden esconder actividades delictivas. El problema es más complejo que la detección directa del delito, pero el beneficio del sistema es mayor pues se trata de prevenir. Por otro lado, si se desea investigar de manera preventiva, parece razonable que el sistema indique argumentos que lo justifique. Esto implica el uso de modelos de IA que sean interpretables o explicables, algo que como hemos indicado reduce las posibilidades a modelos más clásicos de apren-

1) Herramientas de predicción y evaluación de riesgos.
2) Herramientas de investigación de delitos.
3) Herramientas de tramitación

Teniendo en cuenta que aquí estoy hablando de seguridad e investigación privada, voy a centrarme en aquellas herramientas que puedan ser utilizadas por las empresas y profesionales del sector en la medida en que su actividad esté autorizada por la LSP. Como se ha venido repitiendo a lo largo de este trabajo, las restricciones previstas en la legislación de seguridad privada a la actividad de las empresas y profesionales del sector supone, en mi opinión, una limitación al desarrollo tecnológico lo que impacta, de manera muy negativa, en la competitividad.

En la medida en que las empresas y profesionales de la seguridad privada centran su actividad en la prevención, voy a centrarme en el análisis de aquellas herramientas que sirven para predecir y evaluar riesgos. Dejo de lado, por tanto, las herramientas de investigación de delitos y las de tratamiento (aunque algunas de ellas pudieras ser utilizadas por el sector de la investigación privada).

Desde luego que no se puede, de momento, predecir, el futuro, pero sí es posible ya utilizar sistemas que analicen información (datos) y predecir comportamientos y eventos fututos. Así, se puede pronosticar dónde, cuán-

---

dizaje automático, y con un tamaño reducido. En muchos casos se dispone de sitios públicos donde se reportan casos positivos que pueden servir como fuente de ejemplos. Por contra, este tipo de problemas tienen una muy rápida evolución, pues se producen constantes cambios de perfiles, webs, o identidades para evitar ser descubiertos, lo que hacen que esos ejemplos queden obsoletos muy rápidamente. Si entrenamos modelos de aprendizaje automático a partir de las características directas, para cuando vayan a ser aplicados pueden haber cambiado lo suficiente como para reducir considerablemente la tasa de acierto. Por ello, se hace necesario el uso de otro tipo de características que sean menos sensibles a esos cambios, y con un mayor poder semántico para que el modelo resulte más explicable. En (Francisco, 2022b) abordamos el problema de detectar perfiles radicales yihadistas en redes sociales. Como apenas se disponía de ejemplos, se desarrolló una herramienta, Nutcracker (Francisco 2023), para generar bases de datos etiquetadas con un mínimo esfuerzo, utilizando la dinámica del comportamiento, las relaciones profundas entre usuarios, en lugar de aspectos más directos, que se podían modificar más fácilmente (Francisco 2022a). Además, utilizamos técnicas de análisis del discurso para extraer características menos camuflables, y que tuvieran mayor poder semántico, como la intencionalidad o la emoción de los mensajes. En la actualidad Nutcracker está siendo utilizado en un nuevo proyecto para detectar noticias falsas.

do y por quién es más probable que vaya a concretarse un riesgo. De manera que las empresas pueden optimizar recursos y obtener unos mejores resultados. En definitiva, se puede ser más eficaz y eficiente[185].

Esto implica que se pueden alcanzar mayores cotas de seguridad de las que se consiguen en la actualidad y utilizando menos recursos. Además, las fuerzas y cuerpos de seguridad del Estado pueden hacer uso de los servicios de las empresas de seguridad privada para desincentivar determinados comportamientos, logrando una mayor prevención.

Sin ánimo de exhaustividad, y siendo consciente de que se trata de herramientas o instrumentos que están en constante evolución, a continuación, señalamos algunos de los instrumentos de inteligencia artificial especialmente útiles:

— Reconocimiento facial

— Reconocimiento de voz

— Reconocimiento de emociones

— Reconocimiento de huellas dactilares y ADN

— Reconocimiento de firma y de escritura

— Herramientas que emplean técnicas de Procesamiento del Lenguaje Natural (PLN)

— *Chatbots*

— Sistemas de análisis de textos/documentos

— Sistemas de detección y, en su caso, moderación de contenido *on line*

— Análisis de imágenes[186]

5.7.5. El problema del acceso a la información policial y del SIRAJ[187] por parte de las empresas de seguridad e investigación privada

Como he puesto de manifiesto en el apartado anterior, las empresas y profesionales de la seguridad privada pueden centrar sus actuaciones en

---

185 CUATRECASAS MONFORTE, C., (2023), "La inteligencia artificial y la investigación de delitos", op. cit., pág. 70.

186 Ibidem, pág. 71 y ss.

187 Sistema de registros administrativos de apoyo a la Administración de Justicia

las labores de prevención, ofreciendo servicios de pronóstico de eventos y optimización de recursos.

El gran problema es que la información relevante que puede servir para realizar esas actividades de prevención se encuentra, normalmente, en manos de las fuerzas y cuerpos de seguridad del estado[188]. Así, piénsese en los datos relativos a la posible reincidencia de una determinada persona, donde suele moverse, delitos cometidos, etc.

En este sentido, va a resultar esencial la información que pueda obrar en los registros de antecedentes policiales, es decir, aquellos datos que las fuerzas y cuerpos de seguridad recopila en ejercicio de sus funciones al amparo de lo previsto en la Ley Orgánica 7/2021, de 26 de mayo. Esta información, sin embargo, no puede ser obtenida ni utilizada por las empresas de seguridad privada y, repito, resulta clave para nutrir los sistemas de inteligencia artificial de carácter predictivo.

Lo mismo ocurre con el denominados sistema de registros administrativos de apoyo a la Administración de Justicia, integrado por el Registro Central de Penados, el Registro Central para la Protección de las Víctimas de la Violencia Doméstica y de Género, el Registro Central de Medidas Cautelares, Requisitorias y Sentencias no Firmes, el Registro Central de Rebeldes Civiles, el Registro de Sentencias de Responsabilidad Penal de los Menores y el Registro Central de Delincuentes Sexuales, y regulado en el Real Decreto 95/2009[189], de 6 de febrero, por el que se regula el Sistema de registros administrativos de apoyo a la Administración de Justicia.

---

188 ESTÉVEZ MENDOZA, L., (2022), "Sistema de registros administrativos de apoyo a la administración de justicia y la protección de datos personales", GONZÁLEZ PULIDO, I. BUENO DE MATA, F., (aut.), BUJOSA VADELL, L. M. (pr.), *Fodertics 10.0: estudios sobre derecho digital*, Comares.

189 Existe un Proyecto de modificación de este Real Decreto para adaptarlo a la Directiva (UE) 2005/36/CE relativa al reconocimiento de las cualificaciones profesionales, por la que se establece un sistema para el reconocimiento mutuo de las cualificaciones profesionales en la Unión Europea, al estar España en un Procedimiento de Infracción desde 2018, como consecuencia de la falta de transposición. Lo que pretende la modificación es incluir, como dato de obligada anotación a la hora de inscribir una sentencia firme en el Sistema de Registros de Apoyo a la administración de Justicia, la profesión de la persona condenada, en los casos en los que dicha profesión sea relevante por haber recaído sobre aquella una pena de inhabilitación para profesión u oficio, así como en los supuestos de penas de inhabilitación especial para cualquier profesión, oficio o actividades, sean o no retribuidos, que conlleve contacto regular y directo con personas menores de edad.

La norma a la que acabamos de hacer referencia es clara en relación con quien va destinada la información contenida en ellos. Así lo señala su artículo 2.1:

> "El sistema de registros constituye un sistema de información de carácter no público cuyo objetivo fundamental es servir de apoyo a la actividad de los órganos judiciales y del Ministerio Fiscal, de las Fuerzas y Cuerpos de Seguridad del Estado y Cuerpos de Policía de las comunidades autónomas con competencias plenas en materia de seguridad pública, y de otros órganos administrativos, en el ámbito de las competencias delimitadas en el presente real decreto"

Por tanto, solo la seguridad pública podrá hacer uso de esta información. De manera que solo los sistemas de inteligencia artificial de carácter predictivo que utilicen las fuerzas y cuerpos de seguridad del estado podrán nutrirse de esta información, que es imprescindible para la eficacia de los propios sistemas.

Una vez más la seguridad privada queda fuera de todo en entramado jurídico para garantizar unos altos niveles de seguridad (en sentido lato), en un ámbito, además, en el que puede desempeñar legítimamente sus funciones: la prevención basada en la predicción[190].

No estoy defendiendo aquí que las empresas de seguridad privada tengan el mismo nivel de acceso que las fuerzas de la seguridad pública u otros funcionarios judiciales a esta información sin más análisis. Pero sí que, al menos, se planteé la posibilidad de hacerlo. Se analice pormenorizadamente si existe alguna información, registro o base de datos que pueda ser utilizada por las empresas y profesionales de la seguridad privada. Que se otorgue un voto de confianza a los agentes de este sector, bajo la supervisión, en este caso sí se puede denominar subordinación, de las fuerzas y cuerpos de seguridad del estado.

---

190 De acuerdo con CUATRECASAS MONFORTE, C., (2023), "La inteligencia artificial y la investigación de delitos", op. cit., pág. 71, "los sistemas de policía predictiva se centran en tres grandes bloques:
— La predicción de delitos (o mapeo delictivo), para pronosticar dónde —zonas geográficas, más o menos acotadas— y cuándo —estaciones el año, meses, días, franjas horarias u "horas punta", etc— existe un mayor riesgo de comisión de actos delictivos;
— La predicción de identidades delictivas, para identificar a los potenciales delincuentes del futuro, mediante la elaboración de perfiles criminales, normalmente con base en circunstancias y comportamientos de su pasado; y
— La predicción de identidades vulnerables, para identificar a los potenciales individuos o grupos de individuos que es más probable que resulten víctimas de un delito en el futuro.

No sería descabellado, entiendo, permitir accesos limitados, a bases de datos con información anonimizada, fragmentada o pseudonimizada. Con pleno respeto a la legislación de protección de datos.

5.7.6. Sobre el Reglamento (UE) 2024/1689 del Parlamento Europeo y del Consejo, de 13 de junio de 2024, por el que se establecen normas armonizadas en materia de inteligencia artificial

El 21 de abril de 2021 la Comisión Europea aprueba su Propuesta de Reglamento por el que se regula La Inteligencia Artificial, también denominada Ley de Inteligencia Artificial. Mediante esta norma se pretende, por un lado, establecer un marco jurídico sobre inteligencia artificial, el primero de la historia, y, por otro, reforzar la adopción, la inversión y la innovación en materia de IA en toda la UE.

Esta propuesta normativa se ha concretado en el Reglamento (UE) 2024/1689 del Parlamento Europeo y del Consejo, de 13 de junio de 2024, por el que se establecen normas armonizadas en materia de inteligencia artificial y por el que se modifican los Reglamentos (CE) n.° 300/2008, (UE) n.° 167/2013, (UE) n.° 168/2013, (UE) 2018/858, (UE) 2018/1139 y (UE) 2019/2144 y las Directivas 2014/90/UE, (UE) 2016/797 y (UE) 2020/1828 (Reglamento de Inteligencia Artificial), que supone la primera normativa sobre inteligencia artificial en el mundo.

Cabe indicar que la regulación prevista en el RIA es muy prolija, como lo es la materia que se regula. Se atiende, especialmente, a ciertos aspectos que ya han sido señalados más arriba como muy sensibles. Estos son, entre otros, la protección de los derechos fundamentales (especialmente el de protección de datos), la transparencia y, además, se establece la prohibición de que los Estados miembros impongan restricciones al desarrollo, la comercialización y la utilización de sistemas de IA, a menos que el propio Reglamento lo autorice expresamente.

En el Titulo II del RIA se recogen una serie de prácticas de inteligencia artificial que resultan prohibidas. En lo que aquí interesa, el artículo 5 recoge algunas que son especialmente interesantes, pues se refiere, de pleno, a herramientas que podrían utilizarse por los agentes dedicados a la seguridad, tanto los públicos como los privados. Así, mencionamos a continuación algunas:

En el artículo 5.1.c) reputa como prohibido:

"La introducción en el mercado, la puesta en servicio o la utilización de sistemas de IA por parte de las autoridades públicas o en su representación con el fin de evaluar o clasificar la fiabilidad de personas físicas durante un período determinado de tiempo atendiendo a su conducta social o a características personales o de su personalidad conocidas o predichas, de forma que la clasificación social resultante provoque una o varias de las situaciones siguientes:

i. un trato perjudicial o desfavorable hacia determinadas personas físicas o colectivos enteros en contextos sociales que no guarden relación con los contextos donde se generaron o recabaron los datos originalmente;

ii. un trato perjudicial o desfavorable hacia determinadas personas físicas o colectivos enteros que es injustificado o desproporcionado con respecto a su comportamiento social o la gravedad de este.

De la misma manera, respecto a la identificación biométrica remota en tiempo real en espacios de acceso público[191], se permiten solo cuando vayan a obtener alguno de los siguientes objetivos:

i. la búsqueda selectiva de posibles víctimas concretas de un delito, incluidos menores desaparecidos;

ii. la prevención de una amenaza específica, importante e inminente para la vida o la seguridad física de las personas físicas o de un atentado terrorista.

iii. la detección, la localización, la identificación o el enjuiciamiento de la persona que ha cometido o se sospecha que ha cometido alguno de los delitos mencionados en el artículo 2, apartado 2, de la Decisión Marco 2002/584/JAI del Consejo 62, para el que la normativa en vigor en el Estado miembro implicado imponga una pena o una medida de seguridad privativas de libertad cuya duración máxima sea al menos de tres años, según determine el Derecho de dicho Estado miembro.

En el mismo sentido, se regulan una serie de supuestos en los que se pretende aplicar el principio de proporcionalidad para llevar a cabo estas prácticas de identificación biométrica en tiempo real en espacios públi-

---

[191] El artículo 3.39) de la Propuesta señala como «Espacio de acceso público»: cualquier lugar físico accesible para el público, con independencia de que deban cumplirse determinadas condiciones para acceder a él.

cos. Supuestos que podrán ser autorizados en concreto por una autoridad judicial o administrativa independiente (artículo 5.3)[192], o autorizados en general, por el Derecho interno (artículo 5.4)[193].

Por su parte, el Título III del Reglamento recoge una serie de supuestos de inteligencia artificial de Alto Riesgos, cuyo uso debe estar sometido al cumplimiento de una serie de requisitos (artículo 8) y sistemas de gestión de riesgos (artículo 9). Los sistemas de inteligencia artificial de alto riego están descritos en el Anexo III del RIA y, en concreto, los regulados en el punto 1 y 6 se refieren a los que se pueden utilizar en seguridad[194].

---

192 Con respecto al apartado 1, letra d), y el apartado 2, cualquier uso concreto de un sistema de identificación biométrica remota «en tiempo real» en un espacio de acceso público con fines de aplicación de la ley estará supeditado a la concesión de una autorización previa por parte de una autoridad judicial o una autoridad administrativa independiente del Estado miembro donde vaya a utilizarse dicho sistema, que la otorgarán previa solicitud motivada y de conformidad con las normas detalladas del Derecho interno mencionadas en el apartado 4. No obstante, en una situación de urgencia debidamente justificada, se podrá empezar a utilizar el sistema antes de obtener la autorización correspondiente, que podrá solicitarse durante el uso o después de este.
La autoridad judicial o administrativa competente únicamente concederá la autorización cuando esté convencida, atendiendo a las pruebas objetivas o a los indicios claros que se le presenten, de que el uso del sistema de identificación biométrica remota «en tiempo real» es necesario y proporcionado para alcanzar alguno de los objetivos que figuran en el apartado 1, letra d), el cual se indicará en la solicitud. Al pronunciarse al respecto, la autoridad judicial o administrativa competente tendrá en cuenta los aspectos mencionados en el apartado 2

193 Los Estados miembros podrán decidir contemplar la posibilidad de autorizar, ya sea total o parcialmente, el uso de sistemas de identificación biométrica remota «en tiempo real» en espacios de acceso público con fines de aplicación de la ley dentro de los límites y en las condiciones que se indican en el apartado 1, letra d), y los apartados 2 y 3. A tal fin, tendrán que establecer en sus respectivos Derechos internos las normas detalladas necesarias aplicables a la solicitud, la concesión y el ejercicio de las autorizaciones a que se refiere el apartado 3, así como a la supervisión de estas. Dichas normas especificarán también para cuáles de los objetivos enumerados en el apartado 1, letra d), y en su caso en relación con cuáles de los delitos indicados en su inciso iii), se podrá autorizar que las autoridades competentes utilicen esos sistemas con fines de aplicación de la ley.

194 6.Asuntos relacionados con la aplicación de la ley:
a) sistemas de IA destinados a utilizarse por parte de las autoridades encargadas de la aplicación de la ley para llevar a cabo evaluaciones de riesgos individuales de personas físicas con el objetivo de determinar el riesgo de que cometan infracciones penales o reincidan en su comisión, así como el riesgo para las potenciales víctimas de delitos;

Lo relevante, bajo mi punto de vista, y en lo que se refiere a la posibilidad de utilizarse estos sistemas por parte de empresas y profesionales de la seguridad privada, es que el RIA se refiere siempre a la posibilidad de que dichos sistemas se utilicen por parte de "autoridades encargadas de la aplicación de la ley", concepto al que me refiero en el siguiente epígrafe.

5.7.7. *El concepto de "Autoridad encargada de la aplicación de la ley" ¿excluye a las empresas y profesionales de la seguridad e investigación privada?*

Respondiendo a la pregunta que se formula en el título del epígrafe, entiendo que no. Veamos las razones.

Según lo previsto en el artículo 3.40) y 41) del RIA:

> 40) «Autoridad encargada de la aplicación de la ley»:
>
> a) toda autoridad pública competente para la prevención, la investigación, la detección o el enjuiciamiento de infracciones penales o la ejecución de sanciones penales, incluidas la protección y prevención frente a amenazas para la seguridad pública; o

---

b) sistemas de IA destinados a utilizarse por parte de las autoridades encargadas de la aplicación de la ley como polígrafos y herramientas similares, o para detectar el estado emocional de una persona física;

c) sistemas de IA destinados a utilizarse por parte de las autoridades encargadas de la aplicación de la ley para detectar ultrafalsificaciones a las que hace referencia el artículo 52, apartado 3;

d) sistemas de IA destinados a utilizarse por parte de las autoridades encargadas de la aplicación de la ley para la evaluación de la fiabilidad de las pruebas durante la investigación o el enjuiciamiento de infracciones penales;

e) sistemas de IA destinados a utilizarse por parte de las autoridades encargadas de la aplicación de la ley para predecir la frecuencia o reiteración de una infracción penal real o potencial con base en la elaboración de perfiles de personas físicas, de conformidad con lo dispuesto en el artículo 3, apartado 4, de la Directiva (UE) 2016/680, o en la evaluación de rasgos y características de la personalidad o conductas delictivas pasadas de personas físicas o grupos;

f) sistemas de IA destinados a utilizarse por parte de las autoridades encargadas de la aplicación de la ley para la elaboración de perfiles de personas físicas, de conformidad con lo dispuesto en el artículo 3, apartado 4, de la Directiva (UE) 2016/680, durante la detección, la investigación o el enjuiciamiento de infracciones penales;

g) sistemas de IA destinados a utilizarse para llevar a cabo análisis sobre infracciones penales en relación con personas físicas que permitan a las autoridades encargadas de la aplicación de la ley examinar grandes conjuntos de datos complejos vinculados y no vinculados, disponibles en diferentes fuentes o formatos, para detectar modelos desconocidos o descubrir relaciones ocultas en los datos.

> b) cualquier otro órgano o entidad a quien el Derecho del Estado miembro haya confiado el ejercicio de la autoridad pública y las competencias públicas a efectos de prevención, investigación, detección o enjuiciamiento de infracciones penales o ejecución de sanciones penales, incluidas la protección y prevención frente a amenazas para la seguridad pública.
>
> 41) «Aplicación de la ley»: las actividades realizadas por las autoridades encargadas de la aplicación de la ley para la prevención, la investigación, la detección o el enjuiciamiento de infracciones penales o la ejecución de sanciones penales, incluidas la protección y prevención frente a amenazas para la seguridad pública

Parece claro que el RIA pretende que los que utilicen estos sistemas de inteligencia artificial que tienen a proteger la seguridad sean autoridades, es decir, en el caso de nuestro país, las fuerzas y cuerpos de seguridad del estado. Pero el apartado b) del punto 40 no cierra las puertas a la posibilidad de que las empresas y profesionales del sector privado realizan labores de seguridad utilizando estaos sistemas de inteligencia artificial siempre y cuando haya cobertura legal suficiente en el Estado miembro de que se trate, y, por supuesto, respetando todos los requisitos y sometidos a todos los controles previstos en la norma.

Por tanto, a través de una reforma de la Ley de Seguridad Privada, se puede confiar a determinadas empresas y profesionales del sector (con previa habilitación, por supuesto) todas aquellas competencias públicas que tengan que ver con la prevención, investigación y detección de infracciones penales. Entiendo que no se pueden delegar las competencias relativas al enjuiciamiento y ejecución de sanciones, pues eso está reservado al Estado. Y siempre bajo la supervisión de las autoridades delegantes con la supervisión de la Agencia Española de Supervisión de la Inteligencia Artificial.

Por supuesto, y teniendo en cuenta la interpretación del Reglamento de Inteligencia Artificial, las empresas y profesionales del sector privado podrán seguir utilizando para realizar sus funciones los sistemas de inteligencia artificial que no estén prohibidos o que no se consideren de alto riesgo, aunque, realmente, son muy pocos, pues la mayoría, los más importantes, son los que se recogen en el Anexo III como de alto riesgo.

6. Otro vector de avance hacia el futuro: la internacionalización como elemento de transformación de la seguridad privada

Es necesario indicar antes de comenzar este epígrafe, que pretendo reflexionar aquí sobre la necesidad de adoptar normas internacionales que regulen la actividad de las empresas de seguridad privada. No me voy a referir exclusivamente a analizar las posibles implicaciones de la participación de empresas privadas de seguridad en conflictos armados internacionales, que también, sino, en general, si debe existir a nivel internacional o regional una normativa armonizadora sobre esta materia.

Se trata, por consiguiente, de una reflexión mucho más amplia, esto es, sobre la privatización de la seguridad en los Estados de nuestro entorno. Aclaro, desde este momento, que no me gusta demasiado utilizar la palabra privatización dado que, según entiendo, tiene un componente ideológico nada desdeñable. Pero al final he de reconocer que se trata de eso, es decir, de que determinados aspectos de la seguridad que hasta este momento estaban prestando los Estados, puedan ser ofrecidos por empresas privadas.

Y ello en un contexto cada vez más digital e internacional. Más digital porque no cabe duda de la generalización de la utilización de las TIC en todos los ámbitos de la vida. Y la seguridad es uno de ellos, claramente. Con una predisposición, además, muy importante. Sobre esta cuestión trataremos en los siguientes epígrafes que dan contenido, además, al título de este trabajo.

Más internacional, por otro lado, por la propia naturaleza de los servicios a los que me refiero. No tiene sentido la regulación nacional o local de una determinada actividad cuando el contexto económico invita, cada vez más, a la internacionalización de las empresas. Empresas que no se limitan a prestar servicios en el territorio de un Estado determinado, sino a nivel internacional.

Se trata de servicios, además, que suelen ser utilizados por los propios Estados, pese a que dispongan de fuerzas y cuerpos de policía pública.

Cada vez es más frecuente ver a profesionales de la seguridad privada en aeropuertos, estaciones de ferrocarril o autobuses, en los accesos a edificios públicos, etc. Esto implica que se han de cumplir las normas sobre competencia y liberalización de mercados de servicios internacionales, no solo a nivel europeo, sino a nivel mundial a través de los acuerdos auspiciados por la Organización Mundial del Comercio (OMC)[195].

Por otro lado, la propia tendencia del sector hacía la utilización de TIC implica la necesidad de internacionalizar el fenómeno de la seguridad privada. Es decir, por sus propias características, estas tecnologías tienden a la internacionalización de los servicios que se ofrecen, eliminando el factor espacio o el propio territorio. Aunque bien es cierto que hay un componente ineludible de presencia física que no se puede soslayar, al menos en la mayoría de los servicios de seguridad.

En fin, lo que aquí se pretende analizar son los retos y las consecuencias de la internacionalización de la seguridad privada. Vamos a verlos en los siguientes epígrafes.

6.1. ¿PARA CUÁNDO UNA NORMA EUROPEA SOBRE SEGURIDAD PRIVADA?

El Parlamento Europeo ha tenido ocasión de pronunciarse sobre la seguridad privada en la Resolución del 4 de julio de 2017, sobre las empresas de seguridad privadas[196], (2016/2238(INI)), (2018/C 334/08).

Bien es cierto que lo que se analiza fundamentalmente en este documento es en qué medida los Estados miembros cumplen con el denominado Documento de *Montreux*, al que me referiré de manera detallada más adelante. Es decir, si se utilizan, y de qué modo, empresas de seguridad para operaciones militares en conflictos internacionales y, en su caso, si

---

195 Me refiero, en concreto, al Acuerdo General sobre el Comercio de Servicios (AGCS), que fue uno de los logros principales de la Ronda Uruguay, cuyos resultados entraron en vigor en enero de 1995. El AGCS se inspiró básicamente en los mismos objetivos que su equivalente en el comercio de mercancías, el Acuerdo General sobre Aranceles Aduaneros y Comercio (GATT): crear un sistema creíble y fiable de normas comerciales internacionales; garantizar un trato justo y equitativo a todos los participantes (principio de no discriminación); impulsar la actividad económica mediante consolidaciones garantizadas; y fomentar el comercio y el desarrollo a través de una liberalización progresiva.

196 Esta Resolución se publicó en el Diario Oficial de la Unión Europea de 19 de septiembre de 2018, C 334/80

se cumplen las normas de Derecho internacional, entre ellas las que se refieren al reconocimiento de los derechos humanos o si, por el contrario, lo Estados utilizan estas empresas para burlar dichas normas y así intentar desviar de alguna manera la posible responsabilidad internacional[197].

Sea como fuere, esta resolución viene a plantear cuestiones muy interesantes sobre este sector no solo a nivel internacional, sino también desde un punto de vista interno, aunque de una manera más soslayada. Así, los puntos 15 y 17 del documento, dentro del epígrafe titulado "La regulación de las empresas de seguridad privadas", no deja lugar a dudas sobre lo que considera más adecuado. Transcribo a continuación dichos párrafos para facilitar su lectura y comprensión:

> "15. Recomienda a la Comisión Europea que elabore un Libro Verde con el objeto de implicar a todas las partes interesadas del sector de la seguridad pública y privada en un amplio proceso de consulta y debate de los procesos, con el fin de determinar de forma más eficiente las posibilidades de colaboración directa y establecer una serie de normas básicas de intervención y buenas prácticas; recomienda la elaboración de un marco de normas de calidad de la UE específicas por sectores; recomienda, en consecuencia, que se precise la definición de las empresas de seguridad privadas antes de llevar a cabo una regulación efectiva de las actividades de estas, dado que esta carencia podría derivar en lagunas normativas;
>
> [...]
>
> 17. Exhorta a la Comisión a que elabore un modelo de regulación efectivo que:
>
> — contribuya a armonizar las diferencias jurídicas entre los Estados miembros por medio de una directiva;
>
> — reevalúe y, por consiguiente, redefina las actuales estrategias de colaboración público-privada;
>
> — determine las empresas con un uso final único o múltiple;
>
> — contextualice la naturaleza y el cometido precisos de las empresas militares y de seguridad privadas;
>
> — establezca normas de alto nivel para los prestadores de servicios privados de seguridad dentro de la UE o que operen en el extranjero, incluidos los niveles adecuados de control de la seguridad del personal y una remuneración justa;
>
> — garantice la notificación de las irregularidades y actos ilegales de las empresas de seguridad privadas y permita que rindan cuentas por las infracciones, en particular las violaciones de los derechos humanos, perpetradas en el ejercicio de sus actividades en el extranjero;

---

197 DUCH RAMOS, E., (2019), "Empresas militares de seguridad privada ¿Herramienta de los estados para sortear obligaciones del derecho internacional? El caso del conflicto de Yemen", *Revista Electrónica de Estudios Internacionales*, núm. 38, p., 2

— incorpore una perspectiva marítima específica, teniendo en cuenta la función de liderazgo de la OMI;"

Se puede observar claramente como esta recomendación (o exhortación) no se refieren de manera exclusiva a la seguridad privada en conflictos internacionales, sino que se insta a armonizar, mediante directiva, las diferencias jurídicas de los Estados miembros en la materia.

Se trata, en definitiva, de una consecuencia lógica de la expansión del sector. No es posible que haya tanta disparidad normativa en las regulaciones de los Estados miembros cuando, además, se debe respetar la libre circulación de trabajadores, libre prestación de servicios y la libertad de establecimiento. Los requisitos exigidos a las empresas y profesionales para acceder al sector no pueden distar mucho de unos Estados a otros, como ocurre en la actualidad, si lo que se pretende es crear un mercado europeo en la materia.

Es necesario, por consiguiente, tal y como plantea el documento que se ha mencionado, elaborar una directiva que recoja los principios mínimos y los requisitos que deben cumplir todos los Estados miembros en materia de seguridad privada. Haciendo hincapié en la necesidad de respetar los derechos fundamentales y las libertades públicas, sobre todo cuando las empresas correspondientes desarrollen sus actividades en conflictos internacionales fuera del territorio de la UE.

En este sentido, se trata de poner en el centro de gravedad de todo el sistema de seguridad, tanto a nivel exterior como interior, los derechos reconocidos en la Carta de Derechos Fundamentales de la UE y al TJUE en su labor de Tribunal de garantías. No solo en intervenciones fuera de las fronteras europeas, que quizás es donde más riesgo puede haber de vulneración, sino a nivel interno, para alcanzar unas pautas mínimas de intervención y un estatus común de las empresas de seguridad en el territorio de la UE.

Esta dimensión europea de la seguridad privada resulta clave, en mi opinión, ante el reto del desarrollo de las tecnologías de la vigilancia. Desde luego, las amenazas no son solo físicas, que también: integridad física, libertad, tratos vejatorios e inhumanos, etc. Sino que también afectan a nuestra dimensión digital o virtual, es decir, a nuestro "yo" en internet, en redes sociales.

Sin perjuicio de que sobre esto haya hablado en otros epígrafes más en profundidad, baste ahora indicar que es necesaria una intervención europea en seguridad privada en la medida en que se está acentuando el uso de este tipo de tecnologías, cada vez más sutiles, por estas empresas. Son estas, las empresas de seguridad, las que pueden utilizar legítimamente herramientas para una vigilancia más exhaustiva sobre las actividades y comportamientos de los ciudadanos. Y no me refiero solo a sistemas de videovigilancia, audio, u otros mecanismos que controlen el comportamiento en la dimensión física de la vida de las personas, si se me permite utilizar esta expresión. Sino a la utilización de mecanismos o herramientas de control virtual, que no solo vigilen sino también prevean el comportamiento.

La UE ya ha tomado conciencia de la amenaza y está actuando en consecuencia. Así, se aprobó el RGPD en el año 2016, que resulta esencial para la salvaguarda del derecho fundamental a la protección de datos y del tratamiento de cualquier información relativa a una persona física identificada o identificable.

También se ha aprobado el Reglamento (UE) 2024/1689 del Parlamento Europeo y del Consejo, de 13 de junio de 2024, por el que se establecen normas armonizadas en materia de inteligencia artificial y por el que se modifican los Reglamentos (CE) n.° 300/2008, (UE) n.° 167/2013, (UE) n.° 168/2013, (UE) 2018/858, (UE) 2018/1139 y (UE) 2019/2144 y las Directivas 2014/90/UE, (UE) 2016/797 y (UE) 2020/1828 (Reglamento de Inteligencia Artificial)y la Propuesta de Directiva del Parlamento Europeo y del Consejo relativa a la adaptación de las normas de responsabilidad civil extracontractual a la inteligencia artificial (Directiva sobre responsabilidad en materia de IA)[198]. Estas normas resultan esenciales en orden a garantizar los derechos de los ciudadanos frente a determinados actos y resoluciones que se puedan adoptar por sistemas que utilicen este tipo de tecnología que es cada vez más común.

Frente a los retos que se vienen en los próximos años, sobre todo cuando se desarrolle la denominada computación cuática, con una capacidad de tratamiento de información casi infinita, estas normas serán una manera de mantener la dignidad del ser humano en el centro de todo el proceso.

6.2. MÁS ALLÁ DE LA UNIÓN EUROPEA: NORMAS INTERNACIONALES

Respecto a las normas internacionales que se refieren a las empresas de seguridad privada, se debe hacer una distinción básica inicial. Aquellas que

---

198 COMISIÓN EUROPEA, Bruselas, 28.9.2022, COM(2022) 496 final, 2022/0303(COD)

prestan servicios en conflictos internacionales o en guerra abierta, participando de manera activa en enfrentamientos armados y adoptando posturas ofensivas. Por otro lado, otras empresas cuyos servicios don meramente defensivos, independientemente de si los prestan en conflictos armados internacionales o al servicio de la seguridad interna de un país.

Los riesgos son diferentes. Los bienes jurídicos que se han de proteger son cualitativamente distintos. En el primer caso, en relación con las empresas que participan de manera activa en enfrentamientos armados internacionales, se han de tener en cuenta, esencialmente, las normas que forman el denominado Derecho Internacional Humanitario (DIH) y que protege a los civiles de posibles violaciones de los derechos humanos en conflictos bélicos.

En el segundo supuesto, respecto a las empresas de seguridad meramente defensivas, también se han de tener en cuenta los derechos fundamentales de los ciudadanos, pero el contexto donde desempeñan sus funciones hace que la supervisión de sus actividades sea, en principio, mucho más sencilla.

Veamos a continuación, en detalle, cada una de ellas.

6.2.1. La participación del Empresas Militares de Seguridad Privada en conflictos armados internacionales. La importancia del cumplimiento del Derecho Internacional Humanitario

Si lo que se pretende es la protección de los derechos humanos en conflictos internacionales, la dimensión de las normas que se deben adoptar para alcanzar dicho objetivo debe ser también, como es lógico, internacional.

Y aquí nos encontramos con un problema tradicional del Derecho internacional, es decir, la consideración de ciertas normas internacionales como verdaderas normas jurídicas, en la medida que no existen instrumentos internacionales permanentes para exigir el cumplimiento de ese Derecho, por más que se está avanzando en este sentido[199].

---

199 En el momento en que se escriben estas líneas, se acaba de emitir por la Corte Penal Internacional una orden de detención internacional contra el presidente de la Federación Rusa, Vladimir Putin y su comisaria para la infancia Maria Alekseyevna Lvova-Belova, por la Deportación a Rusia de niños ucranianos desde los territorios anexionados, en concreto, la península de Crimea. Estos actos vulneran el IV Convenio relativo a la protección debida a las personas civiles

Cualquiera de las normas internacionales que pretenden, de manera muy loable, controlar el cumplimiento del Derecho internacional humanitario por parte de las empresas de seguridad privada que participan en conflictos internacionales se van a encontrar con el mismo problema, la dificultad de hacer cumplir las mismas.

En cualquier caso, en la actualidad, para el Derecho internacional resulta esencial la distinción entre empresas de seguridad privada que prestan servicios de seguridad, respecto de aquellas que prestan servicios militares[200]. Las primeras tienen un carácter defensivo y no generan demasiados problemas desde el punto de vista jurídico; las segundas, sin embargo, al tener carácter ofensivo, plantean mayores dificultades[201].

En este segundo tipo de empresas son en las que se ha fijado el Derecho internacional, sobre todo el de tipo humanitario. Sobre todo, porque se desdibuja la responsabilidad internacional del Estado ante posibles abusos y vulneraciones de los derechos humanos[202].

---

en tiempo de guerra. Ginebra, 12 de agosto de 1949. El Convenio adoptado en 1949 tiene en cuenta las experiencias de la Segunda Guerra Mundial. Contiene una parte bastante breve relativa a la protección general de las poblaciones contra determinadas consecuencias de la guerra (Parte II), dejando de lado el problema de la limitación del uso de las armas. La mayor parte del Convenio (Parte III — Artículos 27-141) establece las normas que rigen el estatuto y el trato de las personas protegidas; estas disposiciones distinguen entre la situación de los extranjeros en el territorio de una de las partes en conflicto y la de los civiles en territorio ocupado.

El Convenio no invalida las disposiciones del Reglamento de La Haya de 1907 sobre los mismos temas, sino que las completa (véase el artículo 154 del Convenio).

200 En este sentido, se puede considerar ya clásica la distinción de SINGER, P. W. (2005), "Outsourcing War", *Foreign Affairs*, Vol. 84, No. 2, pp. 120-121, "The industry is divided into three basic sectors: military provider firms (also known as "private security firms"), which offer tactical military assistance, including actual combat services, to clients; military consulting firms, which employ retired officers to provide strategic advice and military training; and military firms, which provide logistics, intelligence, and maintenance services to armed forces, allowing the latter's soldiers to concentrate on combat and reducing their government's need to recruit more troops or call up more reserves".

201 BALLESTEROS MOYA, V., (2013) "Las empresas militares y de seguridad privadas como entidades que ejercen prerrogativas públicas a efectos de la responsabilidad internacional del estado", *Revista electrónica de estudios internacionales (REEI)*, Nº. 25

202 URUEÑA-SÁNCHEZ M. I., "El Derecho Internacional, la regulación de las Compañías Militares y de Seguridad Privada (CMSP) y el mercenarismo: análisis, falencias y dinámicas", *Revista Jurídicas*, 18(1). En el mismo sentido, DUCH RAMOS,

Sin embargo, no hay una ninguna regulación internacional para el segundo tipo de empresas, es decir, aquellas que se refieren a la seguridad en sentido estricto, sin componente ofensivo. En este sentido, entiendo que no hay problema para que empresas de seguridad privada presten este tipo de servicios fuera de sus fronteras, incluso en países donde existen conflictos bélicos. No se puede desdeñar la posibilidad de que estas empresas participen en operaciones de defensa de la población civil, o de autoridades, de infraestructuras, etc. Incluso, se podría plantear la posibilidad de que los Estados participasen, a través de empresas privadas, en operaciones de paz auspiciadas por organizaciones internacionales. A este tipo de empresas, las defensivas y de prestación de servicios de seguridad, me refiero en el siguiente epígrafe.

6.2.2. La internacionalización de la seguridad privada: el papel de Oficina de las Naciones Unidas contra la Droga y el Delito (UNODC) en la armonización normativa internacional sobre seguridad privada civil

Tal y como ya se ha puesto de manifiesto, la seguridad privada está alcanzando gran importancia en la prevención del delito a nivel mundial. Bien sea por la reducción en gasto público, por la mayor eficacia y eficiencia en el cumplimiento de los objetivos o por otro tipo de razones, lo cierto es que los Estados acuden, cada vez más, a este tipo de servicios de seguridad privada, al igual que las empresas, ciudadanos, etc.

Por ello, existe un interés internacional en proporcionar unos estándares mínimos de cumplimiento de determinados requisitos en cuanto a este tipo de actividades. El principal promotor, en este sentido, es la ONU, a través de su Oficina contra la Droga y el Delito, con sede en Viena, conocida como UNODC, por sus siglas en inglés. Esta organización publicó en 2014 una serie de manuales de justicia penal entre el que cabe destacar, en lo que ahora interesa, el que se refiere a la Regulación por el Estado de los servicios de seguridad privada civil y contribución de esos servicios a la prevención del delito y la seguridad de la comunidad[203].

E., (2019), "Empresas militares de seguridad privada ¿Herramienta de los estados para sortear obligaciones del derecho internacional? El caso del conflicto de Yemen", op. cit.

[203] Puede consultarse de manera gratuita y en español en el siguiente enlace, cuyo último acceso por quien suscribe se produce el 9 de abril del 2023: https://www.unodc.org/documents/justice-and-prison-reform/HB_on_private_security-Spanish.pdf

Este manual, que no tiene, ni lo pretende, eficacia jurídica, plantea una serie de recomendaciones a los Estados para armonizar la regulación (o incluso aprobarla, en el caso de que no la tengan) sobre seguridad privada civil. Así, el objetivo de este interesante documento es el siguiente:

> "El presente Manual introductorio tiene por objeto proporcionar orientación práctica a los legisladores y los encargados de formular políticas que procuran regular el sector de la seguridad privada civil de manera más eficaz. En él se centra la atención en el papel específico de los servicios de seguridad privada civil en la prevención del delito y la seguridad de la comunidad, así como en las medidas que pueden adoptar los Estados para regular estos servicios eficazmente y establecer normas y reglas en el interés superior de todos los participantes"[204].

Se puede deducir, por consiguiente, que la seguridad privada civil, a la que se refiere el presente documento, está adquiriendo importancia en los Estados para la prevención de delitos internos y garantizar la seguridad interior. El manual excluye expresamente a las empresas militares con carácter ofensivo[205], a las que me he referido en el epígrafe inmediatamente anterior.

Se quiere poner de manifiesto, así, la delimitación existente entre unas y otras. Algo a lo que ya me he referido más arriba y que adquiere todo el sentido en la medida en que la participación de este tipo de empresas con

---

204 UNODC, Oficina de las Naciones Unidas contra la Droga y el Delito, (2014), *Regulación por el Estado de los servicios de seguridad privada civil y contribución de esos servicios a la prevención del delito y la seguridad de la comunidad*, Naciones Unidad, Nueva York,

205 Ibidem, p. 4, "Conviene que quede bien sentado desde un principio que el presente Manual introductorio no trata de los servicios de seguridad militar privada, que funcionan con mandatos explícita o implícita mente ofensivos. Centra la atención, en cambio, en los servicios de seguridad privada civil, que son predominantemente de carácter preventivo y defensivo, aunque en algunos lugares puedan incluir una respuesta armada a amenazas o incidentes concretos. Los servicios de seguridad privada civil, según se describen en el presente Manual, son prestados por empresas y personas cuyo papel se limita a "observar, disuadir, informar y dejar constancia" en relación con la delincuencia, la seguridad, los disturbios o las emergencias. Proporcionan servicios comerciales encaminados a proteger a las personas y los bienes físicos y su personal a veces puede estar armado. Si bien los servicios de seguridad privada civil pueden actuar en otros contextos, tales como los de la industria extractiva rural, las patrullas en alta mar contra la piratería y la seguridad armada en países con conflictos, en situaciones posteriores a conflictos y en los Estados frágiles, donde el estado de derecho puede ser débil, esas situaciones no se tratan en el presente Manual introductorio".

fines ofensivos no está bien considerada por las organizaciones internacionales, especialmente la ONU.

Sin embargo, las empresas de seguridad privada civil sí que tiene buena acogida en el seno de la ONU. Y ello porque, como explica el propio manual ya mencionado, "Las actividades de seguridad privada civil pueden considerarse una forma de prevención situacional del delito, en el sentido de que suelen vigilar determinados lugares y tipos específicos de víctimas potenciales (por ejemplo, almacenes, fábricas, urbanizaciones, complejos de oficinas, infraestructura esencial) y procuran prevenir el delito aumentando el riesgo de detección de actos ilícitos y de identificación y captura de los infractores"[206].

Por otro lado, el documento también recomienda una supervisión pública de las empresas y los servicios que pueden prestar estas empresas de seguridad. Y para ello es necesaria una mínima densidad regulatoria que permita actuar al Estado mediante las correspondientes actividades de control. Lo que se pretende salvaguardar, en definitiva, son los derechos fundamentales y las libertades públicas[207], pero de una manera cualitativamente distinta en relación con las empresas de seguridad que prestan servicios en conflictos armados y adoptan una actitud ofensiva.

6.2.3. Breve referencia a las normas ISO. En concreto, la ISO 18788 Sistema de Gestión de Operaciones de Seguridad Privada

La Organización Internacional de Normalización (ISO, por sus siglas en inglés), es una organización internacional independiente y no gubernamental integrada por 168 organismos nacionales de normalización.

A través de sus diferentes miembros se dedica a desarrollar normas internacionales (voluntarias, no vinculantes) que pueden plantear solu-

---

206 Ibidem, p. 10.

207 Ibidem, p. 14, "En la esfera de la seguridad, personal y general, y la prevención del delito, es el Estado el que tiene la autoridad y responsabilidad primordiales. Los servicios de seguridad privada civil deben estar sujetos, por tanto, a la regulación, supervisión y programación estatales encaminadas a elevar las normas y a acrecentar la contribución de dichos servicios a la prevención del delito y la seguridad de la comunidad. Además, es a la vez función esencial y responsabilidad de los Estados adoptar medidas de protección de la seguridad y el bienestar de sus ciudadanos y de todas las personas bajo su jurisdicción. La seguridad física de una persona y la seguridad de sus bienes se consideran, en general, derechos humanos básicos y esenciales para la calidad de vida general de la comunidad".

ciones a desafíos globales. Estas normas internacionales son, en definitiva, un conjunto de estándares reconocidos a nivel internacional y que ayudan a las empresas a establecer unos mínimos niveles de homogeneidad en relación con la gestión, prestación de servicios o desarrollo de productos.

El objetivo de la organización, según el artículo 2 de sus propios estatutos es: "promover el desarrollo de la normalización y las actividades conexas en el mundo, con miras a facilitar el intercambio internacional de bienes y servicios, la mejora de la gestión de los procesos empresariales, el apoyo a la difusión de las mejores prácticas sociales y medioambientales y desarrollar la cooperación en las esferas de la actividad intelectual, científica, tecnológica y económica[208].

En el ámbito de la seguridad privada se aprobó la norma ISO 18788 Sistema de Gestión de Operaciones de Seguridad Privada que proporciona un marco de referencia para establecer, implementar, operar, hacer seguimiento, revisar, mantener y mejorar la gestión de las operaciones de seguridad. También provee los requisitos para un sistema de gestión de las operaciones de seguridad (SGOS). Igualmente, esta norma proporciona un marco de referencia para la gestión empresarial y del riego para las organizaciones que realizan o contratan operaciones de seguridad y actividades y funciones relacionadas, al tiempo que demuestran:

- Ejecución de operaciones de seguridad profesionales para cumplir los requisitos de los clientes y de otras partes interesadas,
- Rendición de cuentas ante la ley y respecto de los derechos humanos
- Consistencia con los compromisos voluntarios a los cuales se suscribe.

Según MORENO SALINAS, R., (2021), "La certificación de este Sistema de Gestión de Operaciones de Seguridad Privada (SGOSP) conforme a la

---

208 Los estatutos de la Organización Internacional para la Estandarización (ISO), están disponibles en inglés, francés y ruso, en la página web de la misma organización: https://www.iso.org/files/live/sites/isoorg/files/archive/pdf/en/statutes.pdf, y en su artículo 2 se indica que: "The object of the Organization shall be to promote the development of standardization and related activities in the world with a view to facilitating international exchange of goods and services, to improving the management of business processes, to supporting the dissemination of social and environmental best practices and to developing cooperation in the spheres of intellectual, scientific, technological and economic activity".

Norma ISO 18788 por un organismo de certificación acreditado internacionalmente permite a la empresa proporcionar a sus clientes y otras partes interesadas la confianza necesaria de que sus operaciones se llevan a cabo de conformidad con las buenas prácticas internacionalmente aceptadas, con los requisitos legales y regulatorios aplicables, y respetando los derechos humanos.

La obtención de esta certificación puede ser una ventaja competitiva importante en concursos o licitaciones con clientes potenciales que sean sensibles a este tipo de reconocimientos al contratar servicios de seguridad privada.

Incluso, en algunos países, una vez que se tiene un número mínimo de empresas certificadas conforme a esta norma, las instituciones de gobierno pueden incluir como criterio de evaluación en sus licitaciones el que una empresa concursante cuente o no con esta certificación.

Pero, en cualquier caso, uno de los beneficios más evidentes, seguros y significativos de la certificación ISO 18788 del sistema de gestión es la mejora del prestigio y reputación de la empresa de seguridad privada"[209].

Se trata, en definitiva, de un sistema de certificación internacional que pretende acreditar que la empresa de seguridad privada de que se trate cumple con los mínimos requisitos para prestar el servicio con unos mínimos de calidad.

A falta de normas internacionales sobre la materia, a parte de las que han sido mencionadas en el epígrafe anterior, es una manera de garantizar unos mínimos requisitos a todas las empresas. No obstante, como ya se ha indicado, no son normas obligatorias, por lo que su eficacia es limitada.

Aunque si pueden ser útiles como elemento de diferenciación en el mercado y, por tanto, para mejorar la competitividad de las empresas que obtiene la misma.

---

[209] MORENO SALINAS, R., (2021), "La certificación ISO 18788 y sus beneficios para las Empresas de Seguridad Privada", *Linkedin*, 31 de agosto de 2021, https://www.linkedin.com/pulse/la-certificaci%C3%B3n-iso-18788-y-sus-beneficios-para-las-moreno-salinas/?originalSubdomain=es

6.3. INTERNACIONALIZACIÓN Y DIGITALIZACIÓN: DOS VECTORES DE TRANSFORMACIÓN DE LA SEGURIDAD PRIVADA

Sin perjuicio de que a la digitalización se haya dedicado una parte específica de este trabajo, conviene ahora indicar que, junto con la internacionalización, es otro de los grandes vectores de avance de la seguridad privada. Un vector que, además, coadyuva a la propia internacionalización, pues no se entiende la sociedad digital sin la dimensión internacional.

Como ya se ha explicado más atrás, el aumento de tecnologías de la información implica, cada vez más, un riesgo de vulneración de determinados derechos relacionados con la privacidad del ser humando (intimidad, protección de datos, propia imagen, etc.). Estas tecnologías son globales y no tiene en cuenta la regulación de un solo país o región del mundo, sino que su dimensión es transnacional. Por su propia naturaleza, estas tecnologías no conocen las fronteras terrestres ni el espacio físico. Los servicios en línea o a través de internet pueden ser ofrecidos en tiempo real a cualquier ciudadano del mundo, independientemente de donde se encuentre en ese momento.

Esta dimensión internacional choca de frente con la realidad del Derecho, es decir, con la naturaleza territorial de las normas jurídicas. Estas son aprobadas para regir en un espacio físico determinado en el que el estado (o región con potestad legislativa) tiene competencia. No puede ir más allá, salvo que se reconozca esa norma y se pueda aplicar en el estado o región del que no ha emanado ese Derecho. En definitiva, si hay reconocimiento de ese Derecho extranjero.

Por ello, uno de los principales elementos de cambio de esta materia tiene que ver con la internacionalización de la regulación. Sino uniformes, las normas sí deben estar armonizadas, ser similares. No tiene sentido que la regulación diste totalmente de un Estado a otro, que los requisitos de acceso al mercado de la seguridad privada sean totalmente distintos en diferentes países, sobre todo cuando desde hace ya décadas vivimos inmersos en un proceso de globalización económica que nos hace cada vez más internacionales.

Es por eso que son tan relevantes todos los movimientos encaminados a establecer unas mínimas normas internacionales, algunos de los cuales, los más importantes, han sido mencionados en los epígrafes anteriores. Pero el paso ha de ser decidido y auspiciado por las más importantes organizaciones internacionales, como es el caso de la ONU.

Se trata de lo que MIR PUIGPELAT, O., (2004), ha denominado "la necesidad de tender hacia una Administración pública y un Derecho administrativo globales, no circunscritos a al estricto ámbito nacional". En definitiva, "lograr el desarrollo de un entramado jurídico y político-institucional capaz de hacer frente capaz de hacer frente a los peligros de la nueva sociedad global"[210]. Entre esos peligros están, como es lógico, los retos digitales y las nuevas amenazas a la seguridad derivadas de esta digitalización.

---

210 MIR PUIGPELAT, O., (2004), *Globalización, Estado y Derecho. Las trasformaciones recientes del Derecho administrativo*, Civitas, p.p. 211-213, "Y ahí es donde entran en escena la Administración pública y el Derecho administrativo. El principal reto jurídico-político del momento actual, de la que BECK ha denominado *segunda modernidad*, es, precisamente, lograr el desarrollo de un entramado jurídico y político-institucional capaz de hacer frente a los peligros de la nueva sociedad global. Es necesario crear nuevas estructuras políticas y administrativas de alcance planetario que dispongan del poder (de las competencias y los medios) necesario(s) para regular los mercados globales y para hacer observar las normas (mercantiles, fiscales, medioambientales y sociales) a los agentes económicos que ahora logran eludirlas o condicionarlas de manera decisiva."

7. Conclusiones

El mercado de la seguridad privada se enfrenta a retos jurídicos que pueden hacer tambalear sus cimientos. En este trabajo, he tratado humildemente de analizar los principales problemas actuales y las dificultades con las que se puede enfrentar en el futuro. Desde luego, sin dejar de echar la vista atrás, pues el pasado es tozudo y, a veces, explica muchas de las dificultades de un sector que debería estar en vanguardia.

Muchos de los problemas que tiene el sector provienen, tal y como se ha puesto de manifiesto, de la necesidad de justificar constantemente su propia existencia. Parece inevitable comparar constantemente ambos sectores y subordinar el privado al público. Esto es lo que hace nuestra actual Ley. Personalmente, he querido romper una lanza a favor de un sector, el de la seguridad privada, que considero imprescindible y maduro para prestar servicios adecuados en un entorno libre. No implica esto que acabo de afirmar una merma de la importancia del Estado, que sigue monopolizando el uso de la fuerza y de las actividades represivas. No tiene por qué haber rivalidad entre la seguridad pública y la privada, pero tampoco subordinación de la segunda a la primera. Cada una tiene su ámbito específico de actuación, con muchas líneas de conexión, por supuesto. Pero que con un adecuado maridaje público-privado pueden llegar a una coordinación necesaria y adecuada.

La seguridad pública está, se incide en la idea, para contener, refrenar, detener y castigar, previa intervención de un Juez, llegado el caso. Puro Derecho penal. El ámbito de actuación de la seguridad privada se encuentra antes: precaver, conocer de antemano, evitar, estorbar, impedir, advertir, informar: prevención. En esta labor, por supuesto, podrá, si así lo establece el legislador, coincidir con la seguridad pública, pero no alcanzo a ver la necesidad de que esté subordinada a ella. Sí coordinada, desde luego.

Muchas de las labores de prevención podrían realizarse más eficazmente por la seguridad privada, lo que permitiría a la seguridad pública destinar más recursos a reprimir las conductas y a realizar aquellas funciones que requieren el uso de la fuerza.

Cuestión diferente, entiendo, es que el Estado deba intervenir en un mercado cuando existen razones de interés general que así lo justifican, como es el caso. Que esa intervención se haga por las fuerzas y cuerpos de seguridad, no implica ningún tipo de subordinación más allá de la general a la que está sometida cualquier persona física o jurídico privada a la administración que regula un determinado mercado.

Por otro lado, tampoco logro entender la actual limitación de actividades que la LSP impone a las empresas y profesionales de la seguridad e investigación privada. Tal y como se pone de manifiesto en los correspondientes apartados de este trabajo, lo cierto es que no existe razón alguna que, en mi opinión, justifique la limitación de las actividades que pueden llevar a cabo los operadores de la seguridad privada. Supone, como ya se ha indicado, restringir indebidamente la posibilidad de prestar servicios nuevos en un mercado completamente cambiante. En definitiva, se cercena, en contra de la libertad de empresa y la competitividad, la posibilidad de innovar en el mercado de la seguridad.

Un mercado que, además, está sometido a dos importantes vectores de cambio: la digitalización y la internacionalización. Los retos de la seguridad son cada vez más internacionales. Los focos de riesgo y la necesidad de prevenirlos, que es labor de la seguridad privada, no se restringen a un determinado ámbito territorial, sino transnacional. No tiene sentido, por tanto, regular a nivel nacional o regional. La regulación, como en otros tantos sectores, debe ser lo más internacional posible. La regulación global es, todavía, una utopía, lo tengo claro. Pero no deja de sorprender que en el ámbito de la Unión Europea y del Espacio Económico Europeo no se haya hecho nada por armonizar un sector económico de vital importancia.

Los instrumentos normativos internacionales han ido más por la idea de prevenir los desmanes que las empresas de seguridad privada han cometido, cometen y seguirán cometiendo, por desgracia, en los conflictos armados internacionales. Pero eso es, si se me permite la expresión, harina de otro costal. Importante, sin duda. Muy relevante, pues afecta a derechos humanos a nivel internacional, pero de otro costal, al fin y al cabo.

La Unión Europea, garante en otros sectores económicos de la competitividad de las empresas y la liberalización de los mercados, nada ha hecho, todavía, en el de la seguridad privada. Siendo, como es, un sector especialmente proclive a la innovación. Ni siquiera un proyecto de Directiva tendente a una armonización de la legislación de los Estados. Nada tendente a regular, repito, un sector que requiere un impulso del legislador que permita a las empresas y profesionales del sector a actuar libremente en el mercado. En definitiva, fomentar la competitividad.

Otros de los grandes vectores de transformación al que me he referido en el trabajo se refiere, esencialmente, a la utilización por parte de las empresas y profesionales del sector de las más avanzadas técnicas y herramientas en tecnologías de la información y del conocimiento. Las labores y funciones que se realizan desde el sector privado permiten utilizar las más avanzadas tecnologías del sector. Nos referimos a las más modernas técnicas de videovigilancia (reconocimiento facial), utilización de drones, sensores y sistemas, con especial referencia a todas las innovaciones sobre inteligencia artificial, cuya regulación acaba de aprobarse en la Unión Europea y que pretende fomentar el uso de la misma desde una perspectiva humanística y antropocéntrica, según señala la misma norma.

Estas tecnologías permiten una mayor eficacia en el cumplimiento de las funciones, por un lado, pero suponen un mayor riesgo de vulneración de derechos fundamentales por parte de las personas sometidas a ellas. Especialmente de los derechos contenidos en el artículo 18 de la Constitución, es decir, la intimidad, la propia imagen, vida familiar, secreto de las comunicaciones y protección de datos, siempre conectados con la dignidad de la persona y el libre desarrollo de la personalidad.

La solución, según estimo, no puede ser limitar la utilización de esas tecnologías. Aunque a veces se hace, como hemos visto. Según estimo, debe reforzarse la formación en el respeto a los derechos fundamentales por parte de los profesionales del sector. Reforzar la idea de que cualquier labor de seguridad privada, por muy relevante que sea, no puede implicar una merma de estos derechos.

Por otro lado, en relación específicamente a la protección de datos, las empresas y profesionales de la seguridad privada, deben ser conscientes de que la regulación a la que están sometida, la general contenida en el RGPD y la LOPD 2018, es mucho más estricta que la que se aplica a la seguridad pública. Quizás sería necesario, entiendo, una revisión de esta idea, pues al fin y a la postre, tanto desde el sector público como desde el privado lo que se persigue es una idea más general de seguridad, independientemente de quien realice las funciones o tareas concretas.

Y una última referencia. Esta vez, de nuevo, a los irracionales límites impuestos por la LSP a los profesionales y empresas del sector para llevar a cabo diferentes actividades. No tiene lógica que en seguridad privada donde, como acabo de indicar, la innovación tecnológica es clave para el desarrollo del sector, se sigan tasando las actividades que pueden llevar a cabo las empresas y profesionales. No se entiende esta limitación. Es absolutamente contraria a la competencia y competitividad del sector.

No es que se defienda desde este trabajo el todo vale. Nada más lejos de mi intención. Pero sería necesaria, según pienso, una nueva regulación más acorde a los nuevos tiempos. Que permitiera un sector más competitivo, que fomentase la innovación. Que no cristalizase la idea de subordinación a la seguridad privada, sino de coordinación en el común objetivo más amplio que es la seguridad sin adjetivos.

La actual LSP nació obsoleta y solo ha servido para anquilosar el sector de la seguridad privada. Una esclerosis que no se puede tratar con pequeñas reformas o con la aprobación del tan esperado nuevo reglamento. No. Es necesaria una reforma en profundidad del sector. Y es imprescindible la intervención de la Unión Europea para armonizar las legislaciones estatales. Permitiendo a las empresas y profesionales actuar en el sector sin irracionales restricciones de actividad, y con una intervención estatal lógica y adecuada a los tiempos que vivimos. Solo así se logrará el pleno desarrollo de un sector con enorme potencial y que puede coadyuvar en una labor esencial para los Estados: la seguridad.

8. *Bibliografía*

ABAD QUINTANAL, G. (2015), "El concepto de seguridad: su transformación", *Comillas Journal of International Relation,* núm. 4,

AGENCIA ESPAÑOLA DE PROTECCIÓN DE DATOS

— (2022), *Guía sobre el uso de videocámaras para seguridad y otras finalidades.*

— (2021), "IoT (II): Del Internet de las Cosas al Internet de los Cuerpos", Blog, https://www.aepd.es/prensa-y-comunicacion/blog/iot-ii-del-iot-al-iob.

— (2019), *informe 010308/2019.*

— (2018) Informe sobre el uso de drones

AGIRREAZKUENAGA ZIGORRAGA, I. (col), (2008) *Derechos fundamentales y otros estudios en homenaje al Prof. Dr. Lorenzo Martin-Retortillo,* El Justicia de Aragón

AGIRREAZKUENAGA ZIGORRAGA, I., (2006), "Las competencias estatales y autonómicas en materia de seguridad pública y privada. ¿Se opera algún cambio con el nuevo Estatuto para Catalunya?", *Revista Catalana de Seguretat Pública,* núm. 16.

AGIRREAZKUENAGA I., (1989), "Perfiles y problemática de la seguridad privada en el ordenamiento jurídico español", *Revista de Administración Pública,* núm. 118

ALONSO, A., (2021) "Privacidad por diseño", *Seguritecnia,* N°. 491.

ARIAS DOMÍNGUEZ, Á., (2023), "La expectativa legítima de privacidad y la prueba videográfica obtenida", *Revista de Jurisprudencia Laboral,* Número 6/2023

AYLLÓN SANTIAGO, H. S., y FERNÁNDEZ GONZÁLEZ, C. M., (2021), *Tratamiento de datos de carácter personal en el ámbito policial,* Reus

BALLESTEROS MOFFA, L. A. (2020), *Las fronteras de la privacidad: el conflicto entre seguridad pública y datos personales en una sociedad amenazada y tecnológica,* Comares

BOSCH, J.L.C.; FARRAS. J., MARTÍN, M.; SABATÉ, J. y TORRENTE, D., (2004), "Estado, mercado y seguridad ciudadana. Análisis de la articulación entre la seguridad pública y privada en España", *Revista Internacional de Sociología (RIS),* Tercera Época, N° 39.

BUTTON, M. and STIERNSTEDT, P., (2018), "Comparing private security regulation in the European Union", *Policing and Society,* Volume 28, Issue 4, 398-414

BYUNG-CHUL, H., (2013), *La sociedad de la transparencia,* Herder.

CANALS, A., (2023), "Innovación cuántica: ¿la próxima ola de transformación digital?", *Oikonomics, Revista de los Estudios de Economía y Empresa,* núm. 20.

CASINO RUBIO, M., (2006), "La denominada «seguridad privada» ¿es verdaderamente privada?", *Revista catalana de seguretat pública,* núm. 17

CASTELLANOS CLARAMUNT, J. (2023), "Sobre los desafíos constitucionales ante el avance de la inteligencia artificial. Una perspectiva nacional y comparada", *Revista de Derecho Político,* núm. 118

CASTRO PEÑA, (2023), "Inteligencia artificial aplicada a la seguridad", *Revista Científica del Centro Universitario de la Guardia Civil,* núm. 1

CATALINA BENAVENTE, Mª. A., (2022), *El uso de los datos PNR en el proceso penal*, Aranzadi.

CEBRIÁN BELTRÁN, S., (2022), "Nuevos desafíos en el ámbito de la videovigilancia por las fuerzas y cuerpos de seguridad desde la perspectiva de la LO 7/2021: El difícil equilibrio entre la seguridad y la protección de datos", *Estudios de Deusto*, Vol. 70/1, enero-junio.

COBO ROMANÍ, J. C., (2009), "El concepto de tecnologías de la información. Benchmarking sobre las definiciones de las TIC en la sociedad del conocimiento", *Zer* 14-27

COMITÉ EUROPEO DE PROTECCIÓN DE DATOS (2020), "Directrices 3/2019 sobre el tratamiento de datos personales mediante dispositivos de vídeo"

COMISIÓN EUROPEA (2020), "Una Estrategia Europea de Datos", COM(2020) 66 final.

CORRAL SASTRE, A., (2024), "Las obligaciones de registro documental e información sobre hospedaje y alquiler de vehículos a motor en España a la luz de la normativa europea sobre protección de datos", *REDE. Revista española de derecho europeo*, núm. 90.

CORRAL SASTRE, A., (2017), *La liberalización del sector turístico ¿Hacía un modelo de turismo sostenible?*, Reus

COTINO HUESO, L., (2023), "Una regulación legal y de calidad para los análisis automatizados de datos o con inteligencia artificial. Los altos estándares que exigen el Tribunal Constitucional alemán y otros tribunales, que no se cumplen ni de lejos en España", *Revista General de Derecho Administrativo*, 64,

CUATRECASAS MONFORTE, C., (2023), "La inteligencia artificial y la investigación de delitos", *Revista Científica del Centro Universitario de la Guardia Civil*, núm. 1

CUATRECASAS MONFORTE, C., (2022), "La Inteligencia Artificial como herramienta de investigación criminal. Utilidades y riesgos potenciales de su uso jurisdiccional", *La Ley*

DE LA QUADRA-SALCEDO FERNÁNDEZ DEL CASTILLO, T., y PIÑAR MAÑAS, J. L., (directores), BARRIO ANDRÉS. M. y TORREGROSA VÁZQUEZ, J. (coordinadores), (2018), *Sociedad Digital y Derecho*, Boletín Oficial del Estado.

DUCH RAMOS, E., (2019), "Empresas militares de seguridad privada ¿Herramienta de los estados para sortear obligaciones del derecho internacional? El caso del conflicto de Yemen", *Revista Electrónica de Estudios Internacionales*, núm. 38.

ESTÉVEZ MENDOZA, L., (2019), "Protección de datos personales en las investigaciones penales en la Unión Europea: interacción entre la Directiva (UE) 2016/680 y el Reglamento Europol", *Unión Europea Aranzadi*, núm. 1.

FAULL, J. (2008), "Intimidad y seguridad", en *Datospersonales.org*. Nº 35.

FERRAJOLI, L., (2018), *Constitucionalismo más allá del Estado*, Trotta

FOLGOSO OLMO, A., (2020), "Límites de la validez de la prueba de detectives: privacidad y protección de datos", *Anuario de la Facultad de Derecho. Universidad de Extremadura, 36*

FUERTES, M., (2022), *Metamorfosis del Estado. Maremoto digital y ciberseguridad*, Marcial Pons.

GIMÉNEZ-SALINAS FRAMIS, A., (2014), "La madurez del sector de seguridad privada en España: Análisis de su evolución legislativa", *Revista Policía y Seguridad Pública*, Año 4, Vol. 1.

GÓMEZ DE ÁGREDA, Á., (2019), *Mundo Orwell. Manual de supervivencia para un mundo hiperconectado,* Ariel.

GONZÁLEZ, E. y ARENAS, L. (2023), "Seguridad Privada en España: hacia 2023", *Seguritecnia,* núm. 500, pág. 184.

GONZÁLEZ BOTIJA, F., (2018), "Drones: seguridad pública y régimen sancionador", *Revista Vasca de Administración Pública*

GONZÁLEZ GRANDA, P. y ARIZA COLMENAREJO, M. J., (2021), *Justicia y proceso: una revisión procesal contemporánea bajo el prisma constitucional,* Dykinson

GONZÁLEZ PULIDO, I. BUENO DE MATA, F., (aut.), BUJOSA VADELL, L. M. (pr.), (2022), *Fodertics 10.0: estudios sobre derecho digital,* Comares.

GRUPO DE TRABAJO DEL ARTÍCULO 29 SOBRE PROTECCIÓN DE DATOS (2015), en su *Dictamen 1/2015, sobre la privacidad y la protección de datos en relación con la utilización de aviones no tripulados (drones)*

GUTIERREZ DE ANGELIS, M., (2017), "El rostro como dispositivo. De la antropometría a la imagen biométrica", *e-imagen Revista 2.0,* Nº 4, Sans Soleil Ediciones

HARARI, Y. N., (2017), *Homo Deus. Breve historia del mañana,* Debate

HOFFMAN, S., (2017), "PROGRAMMING CHINA: The Communist Party's autonomic approach to managing state security", *Mercator Institute for China Studies,* December 12.

HUERGO LORA, A., (2023), "Inteligencia artificial: una aproximación jurídica no catastrofista", Revista Española de Control Externo, núm. 74-75, pág. 112.

HUESO ALONSO, J. M., (2020), "Dossier II: Seguridad privada en España: Tan cerca, tan lejos", *Quadernos de criminología: revista de criminología y ciencias forenses,* Nº. 49.

INSTITUTO ESPAÑOL DE ESTUDIOS ESTRATÉGICOS (2013), Documento de Investigación 03/2013, "Big Data en los entornos de defensa y seguridad"

IZQUIERDO CARRASCO, M., (2020), "La utilización policial de los sistemas de reconocimiento facial automático. Comentario a la sentencia del Alto Tribunal de Justicia de Inglaterra y Gales de 4 de septiembre de 2019", *Revista IUS ET VERITAS,* N.º 60, mayo 2020.

IZQUIERDO CARRASCO, M., (2004), *La seguridad privada: régimen jurídico administrativo,* Lex Nova.

LLOPIS NADAL, P. (coord..), DE LUIS GARCÍA, E. (coord.); JIMÉNEZ CONDE, F. (dir.), BELLIDO PENADÉS, R. (dir.) (2019) *Justicia: ¿garantías "versus" eficiencia?,* Tirant Lo Blanch.

JIMÉNEZ GONZÁLEZ, A. y RENDUELES MENÉNDEZ DE LLANO, C. (2020), "Capitalismo digital: fragilidad social, explotación y solucionismo tecnológico", *Teknokultura. Revista de Cultura Digital y Movimientos Sociales, 17(2)*

KEARNS, M., y ROTH, A., (2020) *El algoritmo ético. La ciencia del diseño de los algoritmos socialmente responsables.* Wolters Kluwer.

KORFF D. Y GEORGES M. (2019), "El Manual del DPD. Guía para los Delegados de Protección de Datos en los sectores públicos y semipúblicos sobre cómo garantizar el cumplimiento del Reglamento General de Protección de Datos de la Unión Europea", *Comisión Europea.*

LUCAS MURILLO DE LA CUEVA, P., y PIÑAR MAÑAS, J. L., (2009), "El derecho a la autodeterminación informativa", *Fundación Coloquio Jurídico Europeo*

MAGRO SERVET, V., (2022), "Las técnicas de identificación facial por la seguridad privada y su necesidad de cobertura legal según la AEPD", *Diario La Ley, Nº 10053, Sección Doctrina, 21,*

MARTÍNEZ LÓPEZ-SÁEZ, M. (2022), "A vueltas con la ponderación de derechos en materia de videovigilancia: Interés legítimo, seguridad privada, régimen vecinal y protección de datos", *Revista de Derecho Civil,* vol. IX, núm. 4 (octubre-diciembre)

MARTÍNEZ VÁZQUEZ DE CASTRO, L. y CORDERO CUTILLAS, I. (2023), "Algunas consideraciones sobre los drones y su impacto en el Derecho Civil", *Revista de Estudios Jurídicos y Criminológicos,* núm. 7

MORENO SALINAS, R., (2021), "La certificación ISO 18788 y sus beneficios para las Empresas de Seguridad Privada", *Linkedin,* 31 de agosto de 2021, https://www.linkedin.com/pulse/la-certificaci%C3%B3n-iso-18788-y-sus-beneficios-para-las-moreno-salinas/?originalSubdomain=es

MOZOROV, E., (2016), *la locura del solucionismo tecnológico,* Katz editores

MIR PUIGPELAT, O., (2004), *Globalización, Estado y Derecho. Las trasformaciones recientes del Derecho administrativo,* Civitas

NAVARRO MEJÍA, I., (2021), "La falta de transposición de una directiva europea en materia reservada a ley orgánica: Comentario a la Sentencia del Tribunal de Justicia de la Unión Europea de 25 de febrero de 2021. Asunto C-658/19", *Revista de las Cortes Generales,* (111)

PALOMAR OLMEDA, A., (Dir.) (2014), *Comentarios a la Ley de Seguridad Privada,* Aranzadi.

PASCUAL MEDRANO, A. (2013), "Detectives privados y protección de derechos fundamentales: una delicada relación. Examen del Proyecto de Ley de Seguridad Privada", *Diario La Ley*

PÉREZ-CRUZ MARTÍN, A. J., (1997), "Videovigilancia y derecho a la intimidad: ¿Un nuevo ejemplo de conflicto entre el derecho a la seguridad pública y el derecho fundamental a la intimidad?", *Anuario da Facultade de Dereito da Universidade da Coruña,* Nº 1.

PIÑAR MAÑAS, J. L., (dir.), (2016), *Reglamento general de protección de datos: hacia un nuevo modelo europeo de privacidad,* Reus.

PIÑAR MAÑAS, J. L., (2009), "Seguridad, transparencia y protección de datos: el futuro de un necesario e incierto equilibrio", *Fundación Alternativas,* Documento de trabajo 147/2009.

PIÑAR MAÑAS, J. L., (2008), "¿Existe la privacidad?", CEU Ediciones.

PORTALES PINTO, M. E. y SÁNCHEZ GARCÍA, J. L., (1997) "Serenos y policías de barrio", *Boletín Criminológico, Instituto Andaluz Interuniversitario de Criminología,* núm. 28.

PRESNO LINERA, M. A., (2022) "Teoría General de los derechos fundamentales e inteligencia artificial: una aproximación, *Revista jurídica de Asturias,* núm. 45

RECIO GAYO, M., (2016) *Protección de datos personales e innovación: ¿(In)compatibles?,* Reus.

RIDAURA MARTÍNEZ, Mª. J., (2021) "Los derechos fundamentales como límites en el marco de la investigación privada", *Teoría y Realidad Constitucional* (UNED), núm. 47.

RIDAURA MARTÍNEZ, Mª. J., (2015), *Seguridad privada y derechos fundamentales: la nueva Ley 5/2014, de 4 de abril, de Seguridad Privada,* Tirant lo Blanch.

RODRÍGUEZ DÍAZ, F., (2022), "Inteligencia Artificial en el ámbito de la Computación Cuántica", *MOLEQLA. Revista de Ciencias de la Universidad Pablo de Olavide,* núm. 46.

RODRÍGUEZ FERNÁNDEZ, I., (2022), Las restricciones sacrificiales de los derechos fundamentales, Marcial Pons.

RODRÍGUEZ PÉREZ, P. E. (2021), "Seguridad y ciudades globales: Madrid, nuevo concepto de seguridad en el marco de los ODS", *Cuadernos de Gobierno y Administración Pública* 8-1

RODRÍGUEZ RODRÍGUEZ, J. F., (2020), *Análisis de la Legislación Española en materia de Seguridad Privada,* Tesis Doctoral, Universidad Católica de Murcia.

RODRÍGUEZ RODRÍGUEZ, J. F. y CABALLERO SALINAS, J. F., (2019), "La seguridad privada en España y la prevención del delito", *Archivos de Criminología, Seguridad Privada y Criminalística,* Año 7, vol. XIII.

ROLDÁN BARBERO, H., (2001), "La seguridad privada en la prevención de delito", *La Ley: Revista jurídica española de doctrina, jurisprudencia y bibliografía,* núm. 1

ROMÁN VACA, E., (2006), "La Directiva relativa a los servicios en el mercado interior. La propuesta Bolkestein", *Temas Laborales,* núm. 84

RUÍZ MATEOS, M., (2006), "La innovación tecnológica y la seguridad privada", *Staff empresarial,* 17 (93)

SINGER, P. W. (2005), "Outsourcing War", *Foreign Affairs,* Vol. 84, No. 2,

TORRENTE, D., (2015), *Análisis de la seguridad privada,* UOC.

TORRENTE, D., (2006), "Vendiendo seguridad: servicios, conflictos y estrategias de la seguridad privada en España", *Sistema: revista de ciencias sociales,*, N.º 192

TORRES, J. (2015), "La nube, el Big Data y la ciencia", *Revista de Ciencias y humanidades de la Fundación Ramón Areces,* núm. 14

UNODC, Oficina de las Naciones Unidas contra la Droga y el Delito, (2014), *Regulación por el Estado de los servicios de seguridad privada civil y contribución de esos servicios a la prevención del delito y la seguridad de la comunidad,* Naciones Unidad, Nueva York,

URUEÑA-SÁNCHEZ M. I., "El Derecho Internacional, la regulación de las Compañías Militares y de Seguridad Privada (CMSP) y el mercenarismo: análisis, falencias y dinámicas", *Revista Jurídicas,* 18(1).

VELASCO NÚÑEZ, E., (2020), "Investigación penal y protección de datos", *El Cronista del Estado Social y Democrático de Derecho,* Nº. 88-89, 2020.

VILA SEOANE, M., (2018), "Digitalización, automatización y empresas transnacionales de seguridad privada en áreas con capacidad estatal limitada", *Revista de Relaciones Internacionales, Estrategia y Seguridad,* Bogotá, Vol. 13 N.º 2 —Julio-diciembre.

VINUESA TORREGROSA. A. (2012), "La seguridad privada en España: Orígenes históricos, momento actual y perspectiva de futuro", *Ciencia policial: revista del Instituto de Estudios de Policía,* Nº. 115, 2012

VIÑAS, A., (2005), "La política franquista de seguridad y defensa", *Historia contemporánea,* 30.

ZUBOFF, S., (2021) *El capitalismo de la vigilancia,* Paidós, 2021